I0271077

LE TREIZIÈME
ARRONDISSEMENT DE PARIS,

PAR

LOUIS LURINE.

Paris,

E. LAMICHE, ÉDITEUR, PASSAGE DU SAUMON, 19.

—

1850

LE TREIZIÈME

ARRONDISSEMENT

DE PARIS.

Mézières, imp. de Trécourt.

LE
TREIZIÈME
ARRONDISSEMENT DE PARIS,

PAR

LOUIS LURINE.

Paris,

F. LAMICHE, ÉDITEUR, PASSAGE DU SAUMON, 19.

1850

I

Petites notes pour servir d'introduction.

A Paris, qui est-ce qui n'est point un peu marié?

Qui est-ce qui n'est pas rentré, au moins une nuit, ailleurs que chez soi?

Quelle est la femme qui n'a pas, de temps en temps, un prétexte pour sortir le matin, et un prétexte pour ne point sortir le soir?

Quel est le mari qui n'a pas essayé de chasser sur les terres des autres, au risque d'être métamorphosé par quelque Diane chasseresse?

Quel est l'étudiant qui n'a pas préparé sa thèse sur les genoux d'une grisette, au risque de renverser son pupitre?

Quel est l'amant que le mariage n'a pas rendu à l'amour?

Qui est-ce qui n'a pas donné à sa femme le portrait que vient de lui rendre une maîtresse?

Qui est-ce qui n'a point passé par les fourches galantes d'une table d'hôte?

Les ménages *à trois* sont-ils bien rares?

Les femmes d'employés à douze cents francs n'ont-elles pas souvent un cachemire qui vaut cent louis?

Ne trouve-t-on pas, dans le plus grand monde, des veuves dont les maris sont encore vivants?

Enfin, est-ce qu'il y a une seule position, un seul état, une seule vertu, un seul caractère, un seul bonheur, qui n'ait pas dû, tôt ou tard, bon gré, malgré, faire la part du diable?

Ces questions équivoques signifient tout simplement : qui est-ce qui n'appartient pas, un peu ou beaucoup, de près ou de loin, au treizième arrondissement de Paris?

II

Origine et histoire du 13ᵉ arrondissement.

L'origine du 13ᵉ arrondissement se perd dans les plus doux mystères des nuits parisiennes.

Le 13ᵉ arrondissement ressemble au bonheur : il n'a peut-être pas d'histoire. L'arbre du bien et du mal a toujours poussé dans ce petit paradis terrestre ; le serpent s'y est toujours caché sous les fleurs ; les jolies femmes y ont toujours représenté le personnage hasardé de cette pauvre pécheresse qui a nom Ève : telle mère, telles filles.

Je me persuade que le 13ᵉ arrondissement a servi de refuge, de cachette, de nid, de boudoir, dans tous les temps, dans tous les siècles, aux amours faciles, aux folies galantes, aux passions heureuses de la grande ville.

Je ne veux pas remonter bien haut dans l'histoire, de peur d'aller me perdre dans les alcôves de la barbarie et de la féodalité amoureuses ; mais, à ne commencer notre petite revue rétrospective que par le règne galant de Gabrielle et de ses royales cousines, ne peut-on pas dire que Henri IV et ses amis étaient les notables les plus affairés du 13ᵉ arrondissement ?

Sous Louis XIII, les justaucorps de satin et les robes brochées d'or et d'argent, les petits manteaux de velours et les grandes collerettes, les chapeaux ombragés de plumes et les roses de rubans, venaient se faire chiffonner en plus d'un endroit, au milieu des massifs de pierre ou au milieu des massifs de verdure du 13ᵉ arrondissement.

Le siècle de Louis XIV n'aimait guère, même en amour, ni l'ombre ni le mystère : le siècle du grand roi ressemblait à un paon qui fait la roue au soleil. Mais, entre nous, est-ce que la galanterie n'était pas une des royautés les plus brillantes du règne de Louis XIV ? Est-ce que la vertu du souverain de Versailles ne commença pas à boiter avec Mlle Louise de La Vallière ?

Dans ce temps-là, encore une fois, la galanterie se mêlait à toutes les affaires sérieuses, aux plus graves intérêts du royaume de France : elle conseillait au monarque de protéger les arts, les lettres et les sciences, d'écouter la voix des grands hommes, de bâtir des palais somptueux, de planter des jardins féeriques, de légitimer d'aimables bâtards qui n'en pouvaient mais. La galanterie faisait, pour les gentilshommes et pour les grandes dames, ce qu'elle avait daigné faire pour le monarque lui-même : elle leur inspirait le secret des plaisirs, des folies et des merveilles ruineuses. Oui, c'est la galanterie qui a été la véritable Egérie du grand roi ; c'est la galanterie qui a créé le dix-septième siècle tout entier : époque charmante, spirituelle, bienheureuse, où la galanterie dictait à une simple femme de la ville, à une petite bourgeoise, à une *lorette* lettrée, les vers adorables que vous allez lire :

>   Il s'en va, ce cruel vainqueur,
>   Il s'en va plein de gloire ;
>   Il s'en va, méprisant mon cœur,
>   Sa plus noble victoire ;
>   Et malgré toute sa rigueur,
>   J'en garde la mémoire.
>   Je m'imagine qu'il prendra
>   Quelque nouvelle amante ;
>   Mais, qu'il fasse ce qu'il voudra...
>   Je suis la plus galante ;
>   Mon cœur me dit qu'il reviendra,
>   C'est ce qui me contente.

Le treizième arrondissement n'est pas bien loin de la cour orientale de Louis XIV ; il n'est pas bien loin de la chambre des filles de *Madame* ; il n'est pas bien loin de l'oratoire de Mme de Maintenon. Quant au ménage parisien de Lauzun et de la grande Mademoiselle, il appartient mille fois à la chronique du 13e arrondissement.

Le treizième arrondissement n'a-t-il point gâté quelque chose, le jour et la nuit, aux bonnets, aux dentelles, aux coques, aux malines, aux taffetas, aux paniers, aux mouches et à la poudre du dix-huitième siècle ? Les jolis oiseaux du Parc-aux-Cerfs s'envolaient presque toujours de la volière de Louis XV, pour venir s'abattre dans les jardins et jusque dans les petites maisons du treizième arrondissement.

Le treizième arrondissement se glorifie d'avoir eu pour historiographe, au dix-huitième siècle, un délicieux romancier de mauvaises mœurs que l'on nommait Crébillon le fils.

Crébillon a écrit un petit livre intitulé : L'*Heure et le Moment;* tout le treizième arrondissement se cache dans ce joli titre : — l'*heure* pour l'argent, et le *moment* pour l'amour.

Le treizième arrondissement se souvient encore des nombreuses visites que daignaient lui rendre, sous le Directoire, les Incroyables et les Merveilleuses ; le costume grec de ce temps-là produisait le plus délicieux effet dans l'Athènes de la Chaussée-d'Antin.

Il y avait sous le Directoire, dans la *rue Chantereine*, un petit théâtre à la mode qui était véritablement le spectacle privilégié du treizième arrondissement. Mme Tallien, qui demeurait dans la rue Cérutti, assistait à la plupart des représentations de ce nouveau théâtre, le *Théâtre Olympique;* un soir, elle se montra dans sa loge, sous le costume un peu négligé de l'illustre

Aspasie; le lendemain, Mme Récamier, qui était aussi une femme à la mode, étala, le plus légèrement qu'il lui fut possible, le costume déshabillé de la célèbre Laïs : les spectateurs applaudissaient Laïs et Aspasie, comme il convenait à de galans Athéniens de Paris.

Depuis longtemps, le *Théâtre Olympique* de Barras a cédé la place à une maison de bains. La Providence préside à toutes les combinaisons, à toutes les métamorphoses de ce monde : l'eau tiède a lavé la salle de spectacle du Directoire.

Chassé du *Théâtre Olympique* pour cause de tapage nocturne, la galanterie du 13e arrondissement prit un jour sa belle robe à deux mains; elle traversa le ruisseau, pour inaugurer une vilaine petite maison que l'on a surnommée : *Théâtre Chantereine*. La salle Olympique était une Merveilleuse; la salle Chantereine est une Lorette. Les actrices de ce théâtre ne sont d'ordinaire que de charmantes folles, qui songent à jouer la comédie beaucoup plus à la ville que sur la scène; elles s'avisent de placer, dans l'intérêt de la galanterie, le piédestal d'une femme sur les planches illuminées d'un spectacle. Il plaît à leur jeunesse et à leur beauté de spéculer, en riant, sur les illusions du monde dramatique. A leurs yeux, les plus beaux rôles ne sont que des occasions pour montrer une jolie figure, des prétextes pour étaler une nouvelle toilette, dont la forme emporte le fond. Les grandes artistes du théâtre Chantereine tiennent à la fois de la grisette par leur éducation, de l'actrice par la variété des rôles qu'elles ont joués, de la courtisane par l'abondance de leurs caprices : ce sont les comédiennes de la comédie.

Permettez-moi de vous apprendre, en passant, que c'est le 13ᵉ arrondissement qui a pendu la première crémaillère dans presque toutes les rues de la Chaussée-d'Antin.

Que vous dirai-je de l'Empire et de la Restauration? Les colonels et les agents de change ont semé, sur la terre fertile du 13ᵉ arrondissement, l'argent qu'ils devaient à la victoire ou à la fortune. Les *napoléons* et les *louis d'or* étaient une précieuse semence qui produisait de petits amours, en guise de fleurs et de fruits.

Enfin, la révolution de 1830 a bien mérité des dieux bouffis et des déesses engageantes du 13ᵉ arrondissement. La bourgeoisie, le peuple, la noblesse, la finance, ont eu hâte de prendre un pied-à-terre dans ce bienheureux quartier, dans ce joli royaume où la municipalité enregistre bien des naissances, sans être forcée d'enregistrer des mariages.

La révolution de Février a nui au 13ᵉ arrondissement: tout ce qui touche au crédit et au capital lui est nuisible; mais, le 13ᵉ arrondissement peut attendre de meilleurs jours et de plus douces nuits; il peut être patient, parce qu'il est éternel.

— 13 —

L'avénement social du 13ᵉ arrondissement est désormais un fait accompli; aujourd'hui, tous les Parisiens, tous les Français, tous les hommes, sont égaux devant la loi amoureuse du 13ᵉ arrondissement.

III

Où se trouve le treizième arrondissement.

Le treizième arrondissement embrasse, dans son enceinte assez élastique, des rues, des populations et des édredons qui lui sont propres; mais, on peut dire qu'il se répand volontiers dans tous les quartiers de la grande ville; je connais, dans le faubourg du Temple même, une petite rue qui sent furieusement le patchouli et le perdreau faisandé du 13e arrondissement.

Pour le public, le treizième arrondissement commence à la *Boule-Rouge*, traverse la *rue de Trévise*, se cache un instant dans la *rue Coquenard*, se promène autour de l'église *Notre-Dame-de-Lorette*, s'agite dans le nouveau quartier *Saint-Georges* et se repose dans les environs de la *Madeleine* ; pour l'observateur, le treizième arrondissement est partout, en gros ou en détail, par corporations ou par individus, directement ou par délégation, au fond de la cour ou au fond de l'allée, en chambre ou en boutique, dans un salon ou dans un grenier, en un mot, partout où l'on aime pour un motif qui n'est pas *le bon*, partout où l'on désire je ne sais quoi, en dépit des commandements de l'Église.

Les avant-scènes de nos théâtres secondaires, les maisons garnies, les allées du bois de Boulogne, les cabinets particuliers des restaurants, les bals de l'Opéra, le Ranelagh, Mabille et le Château-Rouge, le pavillon de Henri IV et les cachettes ombragées de Ville-d'Avray, les herbes marécageuses d'Enghien, les parcs du voisinage et toutes les bergeries des environs de Paris, pourvu qu'il y ait des loups, appartiennent au domaine du 13e arrondissement.

On a beau dire et beau faire, le treizième arrondissement est aujourd'hui une petite royauté : que cette royauté porte des fleurs ou des diamans, elle n'en porte pas moins une couronne sur la tête. Paris tout entier semble n'avoir été imaginé que pour les menus-plaisirs de cette puissance éphémère : elle est partout, elle brille partout, elle trône partout; elle se démène, elle se divertit, à pied, à cheval, en voiture, prenant à la fois le chemin le plus court pour arriver à la fortune et le chemin le plus long pour arriver à l'hospice. Le treizième arrondissement a remplacé la Gascogne : ça pousse partout.

Le treizième arrondissement avait trouvé le moyen de se faire représenter jusque dans les deux chambres du parlement d'autrefois : Garnier-Pagès, de spirituelle mémoire, était un de ses députés les plus consciencieux; la politique royaliste n'avait point peur des principes démocratiques de Garnier-Pagès : Elle savait bien que le treizième arrondissement avait passé par là ! il ne faut pas que les lions les plus intraitables soient trop souvent amoureux.

Il est impossible de contester au 13e arrondissement le précieux et dangereux avantage d'avoir de l'élégance, du plaisir, de l'esprit, de l'abandon, de la coquetterie, de la malice, des sophas discrets, les plus aimables femmes et les paresses les plus délicieuses du monde. Dans cette zone parisienne, dans cette espèce d'oasis de dentelles, qui sert de refuge à l'oisiveté galante, ce ne sont que soupirs, sonnets, concerts, sérénades et madrigaux. — Des appartements petits, mais d'un goût charmant; des habitants mystérieux, qui s'endorment bien après minuit, et qui s'éveillent bien après midi; le luxe apparent, partout; de l'ombre, un demi-silence et une atmosphère embaumée; le jour, de jolies têtes qui se cachent, pour mieux être vues, au milieu des fleurs d'une croisée; la nuit, des silhouettes capricieuses, qui se dessinent derrière les tentures de soie; du matin au soir, de suaves mélodies qu'exhalent tour à tour la voix des femmes et la voix des pianos; des bouquets que l'on apporte et que l'on ne remporte jamais; des billets doux qui ressemblent à des billets de banque; des baisers au porteur qu'il faut payer ou recevoir; la mode qui passe en voiture; le caprice qui frappe à la porte, avec un marteau d'or ou d'argent; l'amour jeune, l'amour timide et l'amour pauvre, qui soupirent sur le trottoir, en regrettant de n'avoir pas une échelle de soie et une guitare; l'avarice qui se fait prodigue; l'orgueil qui devient humble; la raison qui ne demande pas mieux que de perdre la tête; la loi elle-même qui laisse déchirer sa robe magistrale à coups d'épingles; la vertu qui poursuit le vice, pour l'adorer; la poésie qui consent à baiser la prose sur les deux joues; l'esprit qui jette le cœur par la fenêtre, et le cœur qui rentre, tout meurtri, par la porte; toutes les aristocraties, pêle-mêle, aux pieds de ces deux aristocrates que l'on appelle la jeunesse et la beauté; — n'est-ce point là, à la première vue, un petit monde bien étrange et bien heureux, un petit monde enchanté où chacun de nous voudrait mourir, après y avoir beaucoup vécu!

Les armes du 13e arrondissement portent, pour attributs : une flûte et un tambour; — une sirène qui chante et un paon qui fait la roue ; — le paon me fait l'effet de bien écouter la sirène, qui improvise sans doute des variations sur l'air de : *Tu n'aura pas ma rose !*

La sirène a raison : la rose est la seule fleur qu'il soit à peu près impossible de trouver dans le 13ᵉ arrondissement, à moins qu'il ne s'agisse d'une rose artificielle.

IV

Ce que c'est que le 13ᵉ arrondissement.

Le 13ᵉ arrondissement :
C'est la ceinture dorée de Paris.

———

C'est le nouveau pays de Tendre, moins la tendresse de l'ancien.

———

C'est une immense caisse d'épargne, où la galanterie vient déposer en secret ce qu'elle dérobe à la morale publique, au principe de la famille, à la légitimité des devoirs et des affections.

C'est un vaste théâtre à compartiments où l'on représente, du matin au soir et du soir au matin, une interminable comédie que l'on pourrait intituler : *Les Jeux de l'Amour et de l'Argent*.

———

C'est une république païenne où la poligamie est permise.

———

C'est un champ de bataille où les femmes combattent la loi qu'elles n'ont pas faite, avec des hommes qui regrettent d'avoir fait la loi.

———

C'est le pays où l'on éprouve le plus souvent ce dangereux besoin de souffrir que l'on appelle *aimer*.

———

C'est une caverne magnifique où la beauté rançonne la laideur, en lui présentant un miroir.

———

C'est une école d'illusions où le bonheur nous enenseigne à être malheureux.

———

C'est une fontaine de Jouvence d'une nouvelle et singulière espèce : elle rajeunit les uns et vieillit les autres. Si vous êtes jeune, elle vous donne de la faiblesse et des rides ; si vous êtes vieux, elle vous donne de la force et des passions.

———

C'est un monde ténébreux, où la jeunesse folle se venge de la raison des vieillards ; où la faiblesse se venge de la force ; où la volonté se venge du droit ; où l'amour se venge du mariage ; où le hasard se venge de la fortune ; où la forme se venge du fond ; où l'instinct se venge de l'éducation ; où l'esprit se venge du cœur, en le gâtant.

V

Profondes observations.

Dans le 13ᵉ arrondissement, on rêve sans dormir : en revanche, on y dort sans rêver.

―――

Dans le 13ᵉ arrondissement, on n'aime pas tout-à-fait ; on est amoureux.

―――

Dans le 13ᵉ arrondissement, un amant est un mari donné par la nature.

Dans le 13ᵉ arrondissement, il n'y a pas de clefs ; il n'y a que des passe-partout.

———

Dans le 13ᵉ arrondissement, on n'est point forcé de faire l'amour ; on peut l'acheter tout fait.

———

Les femmes du 13ᵉ arrondissement, se font volontiers dames de charité ; elles ont presque toutes leurs pauvres à nuit fixe.

———

Le 13ᵉ arrondissement n'a jamais de procès ; il ne chicane point... Il accorde tout.

———

Il ne faut pas se fier à la sagesse apparente du 13ᵉ arrondissement ; il défait la nuit ce qu'il a fait le jour.

———

Dans le 13ᵉ arrondissement, il y a des femmes, et des plus jeunes et des plus fortes, qui sont déjà fatiguées, à dix heures du matin.

———

Les jolies femmes du 13ᵉ arrondissement ressemblent souvent à de certaines poires d'hiver : elles mûrissent sur la paille.

———

Ces mêmes femmes, en vieillissant, se jettent parfois dans la pénitence du mariage; comme les girouettes, elles se fixent quand elles sont rouillées

---

Ces mêmes femmes vont presque tous les dimanches à l'église : elles font des avances à Dieu, pour donner de la jalousie au diable.

Dans le 13ᵉ arrondissement, une chemise est un costume.

Dans le 13ᵉ arrondissement, on ne perd pas tout-à-fait ce que l'on donne.

D'ordinaire, la lame use le fourreau ; dans le 13ᵉ arrondissement, c'est le fourreau qui use la lame.

———

Les mères du 13ᵉ arrondissement n'ont point d'enfants : elles ont de petites poupées vivantes.

———

Mᵐᵉ de Staël devinait toute la vie intime du 13ᵉ arrondissement, quand elle écrivait : il n'y a dans le monde que des commencements.

———

Ce qu'il y a de plus difficile à trouver dans le 13ᵉ arrondissement, c'est un homme qui soit le mari de sa femme.

———

Dans le 13ᵉ arrondissement, il y a des prêteuses sur cœurs, et des usurières qui aiment à la petite semaine.

———

Lorsqu'un riche étranger arrive à Paris, il y a deux sortes de mondes qui le savent tout de suite : la police et le 13ᵉ arrondissement. La police enregistre son nom, son origine, sa demeure et ses signes particuliers ; la galanterie parisienne s'enquiert de son âge, de son caractère, et du chiffre probable de sa fortune. La police et la galanterie ne prennent garde ni à sa noblesse, quand il est noble, ni à sa beauté, quand il est beau. La première ne voit en lui qu'un étranger qui voyage; pour la seconde, il s'agit d'un oiseau merveilleux qui a de l'or et de l'argent sur les ailes. — Le 13e arrondissement ne tire pas sa poudre aux simples moineaux.

Dans le 13e arrondissement, on loue des mères, des

frères, des sœurs, afin d'avoir à la fois, pour le même prix, une maison et une famille.

De tous les chefs-d'œuvres de la statuaire moderne, le 13ᵉ arrondissement n'admire que *le Baiser* de Houdon.

———

Bien des femmes du monde se réfugient dans le 13ᵉ arrondissement : Après avoir été condamnées au mariage, elles en appellent à l'amour.

———

M. Léon Duval, le spirituel avocat, disait un jour, au palais, un mot rempli d'audace et de retenue, un mot qui devine, qui compte, qui résume tous les caprices des belles dames du 13ᵉ arrondissement : « Elles sont si pressées de changer de robe, qu'elles ne songent seulement pas à renouer leur ceinture. »

———

Les coquettes du 13e arrondissement ont toujours l'air de dire à leurs amants : Quel bonheur de n'aimer personne, en voyant le ridicule de ceux qui nous aiment !

———

Le 13e arrondissement finit presque toujours par perdre, avec des cartes neuves, ce qu'il a gagné avec de vieilles cartes.

———

Le 13e arrondissement a découvert un grand et admirable prodige : le bonheur à vendre.

———

Les petits enfants du 13e arrondissement ont l'innocente coutume d'embrasser tous les visiteurs du logis, en allant de l'un à l'autre avec une sorte de curiosité : on croirait qu'ils cherchent leurs pères.

———

Le 13e arrondissement a une étrange et cruelle façon de vous rendre heureux ; si ce bonheur-là durait longtemps, on en mourrait de chagrin.

———

Le 13e arrondissement ressemble à l'amour malheureux : c'est quelque chose de triste, qui n'est pas sans charme.

———

Dans le monde, les vieillards s'efforcent de cacher le secret de leurs passions suprêmes ; dans le 13ᵉ arrondissement, les vieillards révèlent à plaisir le mystère de leurs dernières amours. Ils en sont fiers, et ils ont peut-être raison : Quand on est très-jeune, c'est quelque chose d'aimer déjà ; mais c'est beaucoup d'aimer encore, quand on est très-vieux.

———

La fidélité du 13ᵉ arrondissement consiste à bien fermer les portes.

———

Dans le 13ᵉ arrondissement, il y a plus d'un galant homme qui vient se faire battre par sa maîtresse, le soir, — après avoir battu sa femme le matin.

———

On pourrait dire, de bien des femmes du 13ᵉ arrondissement, ce que Sophie Arnould disait de ses bonnes amies de l'Opéra : « Elles se feraient peindre sans tête, que la moitié de Paris les reconnaîtrait. »

———

Dans le 13ᵉ arrondissement, un amoureux qui ne donne que des soupirs ne reçoit que des espérances.

Les femmes qui s'installent dans le 13ᵉ arrondissement prennent le soin de changer de nom ; quelques-unes d'entr'elles ont le tort de ne point changer en même temps de visage.

Dans le 13ᵉ arrondissement, l'amitié et l'amour sont frères.... Mais ils ne sont jamais du même lit.

Dans le 13ᵉ arrondissement, la plupart de *ces monsieur* sont décorés ; on pourrait dire, en les voyant : Voici le mystère de la croix !

Chose fort étrange ! dans le 13ᵉ arrondissement, on ne trouverait peut-être pas un seul exemplaire de *Jeanne d'Arc*.

Le 13ᵉ arrondissement devrait rétablir, pour l'éducation de ses enfans, le collége des *quatre-nations*.

— 34 —

Le 13ᵉ arrondissement est un monde qui vit le plus honnêtement qu'il lui est possible, hors du mariage et hors du célibat.

———

Le 13ᵉ arrondissement n'a pas eu de commencement et n'aura pas de fin, — semblable au Dieu de bonté qui a créé l'amour, et à l'amour qui crée après Dieu !

VI

Une maison du 13ᵉ arrondissement.

Cette maison qui va nous servir de *spécimen*, de *modèle*, est située dans la rue Neuve-Saint-Georges ; la rue Neuve-Saint-Georges relève, en droite ligne, du véritable chef-lieu du 13ᵉ arrondissement.

Il me semble que voici un trait-d'union assez heureux, entre le chapitre que je viens de finir et le chapitre que je commence : c'est le refrain d'une charmante chanson de Béranger.....

D'où nous venons, on n'en sait rien !
Où nous allons, le sait-on bien ?

Les bohémiens du poète s'écrient en courant le monde : *Voir, c'est avoir !* Eh bien ! n'est-ce point là, en quelques mots, en une chanson, l'histoire triste et joyeuse de ces pauvres filles du 13° arrondissement, qui viennent de çà et de là, qui courent le monde en recueillant des impressions, et qui disparaissent on ne sait comment, après avoir *vécu sur le pouce*, pour me servir d'une heureuse expression qui n'est pas la mienne ?

Les femmes du 13° arrondissement se divisent en plusieurs classes bien distinctes, que nous allons retrouver dans la maison de la rue Neuve-St-Georges.

Rez-de-chaussée.

Le rez-de-chaussée, une seule pièce qui sert à la fois de magasin, de chambre à coucher, de salon et de salle à manger, est habité par un simple prénom : Geneviève. La jolie personne qui porte ce prénom était naguère une grisette du faubourg Saint-Germain.

Dans la hiérarchie du 13e arrondissement, la grisette est, à coup sûr, une Impure de la meilleure espèce : elle chante en travaillant, en aimant, en se laissant aimer, en souffrant quelquefois ; sa vie est un rêve, le rêve de la jeunesse, de l'amour et du plaisir, avec un réveil qui ne coûte pas bien cher. D'ordinaire, la grisette ne commence à penser que lorsqu'elle a subi deux thèses. Quand elle a eu l'honneur d'être reçue deux fois avocat ou médecin, elle se dérange, elle passe les ponts, elle arrive au chef-lieu du 13e arrondissement, elle tombe dans les bras de quelque providence en cheveux blancs, et la grisette se relève quasi-lorette.

Voilà bien à peu près toute l'histoire de Geneviève. Geneviève a donc quitté sa mansarde, qui touchait aux gouttières d'une vilaine maison ; elle a renoncé à un lit grossier, toujours propre, mais indigne de protéger le sommeil et les rêves d'une charmante créature ; à une table couverte de chiffons et de rubans fanés ; à deux ou trois chaises en paille de couleur ; à une marotte qui servait à façonner des colifichets de modes ; à une armoire blanche où l'on serrait les belles hardes des dimanches et fêtes ; à de petites fleurs toujours presque mortes, que l'on arrosait le soir et le matin, pour essayer de les faire revivre par un miracle ; enfin, elle a renoncé à un mystérieux confident, qui se plaît aux confidences muettes de toutes les jolies filles : elle a brisé, la cruelle ! un petit miroir qui l'a bien souvent consolée de son infortune, en lui parlant de sa beauté. Aujourd'hui, Geneviève n'a pas encore eu le courage de prendre l'*état* assez général des femmes du 13e arrondissement ; elle veut avoir, en apparence, une petite profession qui lui soit propre : elle est modiste et lingère pendant le jour. Elle a imaginé la spécialité des *chemises pour femmes*, ce qui lui vaut la clientèle de beaucoup d'hommes qui sont probablement mariés. Il y avait autrefois dans Paris un chemisier des princes ; Mlle Geneviève voudrait être la chemisière des princesses... du 13e arrondissement.

Mais, voyez un peu l'influence du quartier, et

comme le bien qu'on veut avoir gâte celui qu'on a!...
Geneviève en est déjà aux désirs qui sont des caprices :
elle désire un appartement de toutes les couleurs au
lieu d'une chambre rouge, un petit chien de poche au
lieu d'un chien de garde, un banquier au lieu d'un
marchand, un amoureux aux bouquets au lieu d'un
petit amant aux gâteaux : elle ne serait pas fâchée de
jeter des violettes de Parme sur un morceau de galette.
Enfin, le piano, les visiteurs, les meubles, les robes,
l'opulence et les créanciers du premier étage empê-
chent souvent Geneviève de dormir.

Premier étage.

Le premier étage de notre maison de la rue Neuve-
Saint-Georges est occupé par une riche rentière, par

une femme du monde... de Gavarni. Elle se nomme Arsène d'Azur ; sa respectable mère se nommait tout simplement Mme Zuzu.

Arsène, une véritable grande dame du 13e arrondissement, n'en est plus aux naïves infidélités de Lisette ; elle ne songe plus à cacher la main généreuse qui lui prodigue l'or et l'argent ; elle en est aux caprices publics de Frétillon, à l'inconstance de Manon Lescaut et à l'imprévoyance de la cigale. Elle ne vit pas pour elle seule ; elle a la bonté de vivre pour tout le monde. Comme elle a le cœur sur les lèvres, elle le laisse tomber trop souvent dans un soupir, dans une parole, dans un baiser, et voilà pourquoi, sans doute, le cœur n'est jamais, chez elle, à la place que Dieu lui a donnée. Arsène d'Azur figure *incognito* au premier rang de ces types gracieux, hasardés, équivoques, cruels et adorables, reproduits par le crayon d'un spirituel dessinateur ; elle est la reine, — en partage, — de ces abeilles sans nom, qui ont emprunté un titre générique à une ravissante ruche qui ressemble à une église.

Il y a des coups de pinceau qui valent un portrait ; il y a des traits de caractère qui valent mieux qu'une longue biographie.

Arsène d'Azur a occupé des appartements immenses où elle n'avait qu'un seul meuble, — un lit.

Arsène a toujours eu la manie des brillants équipages ; il lui est arrivé plus d'une fois de courir chez ses amis, en voiture, pour leur emprunter de quoi donner de l'avoine à ses chevaux.

Le premier carosse d'Arsène d'Azur lui servait très-souvent de salle à manger ; elle y mangeait du pain et du sucre, en allant au bal.

Le début, ou du moins le début le plus important d'Arsène d'Azur, dans la vie galante du 13e arrondissement, est un coup de tête qui a bien de la vanité, de l'audace et de l'esprit.

A l'époque dont il s'agit, Arsène avait dix-sept ans ; elle était aussi pauvre que jolie, ce qui me fait penser qu'elle était bien misérable, tout à fait abandonnée des hommes et des dieux.

Un matin, elle se réveilla on ne peut plus décidée à devenir riche; elle trouva le moyen de s'habiller avec une certaine élégance, sans doute à force de jeunesse et de beauté ; elle prit une petite boîte, une toute petite boîte en maroquin rouge : elle glissa dans cette boîte je ne sais quel joyau mystérieux, qui n'avait pas dû lui coûter bien cher, je l'imagine.... Et voilà nos deux bijoux qui se mettent en route, l'un portant l'autre.

Arsène arriva bientôt, à pied ou en voiture, — en fiacre probablement,—à la porte d'un riche banquier de la rue Laffite. Ce bienheureux banquier avait une réputation de galanterie généreuse, qui était une douce espérance pour le 13ᵉ arrondissement tout entier.

Il n'était pas encore midi, et il y avait déjà plus de six heures que le banquier s'occupait des moyens d'augmenter sa fabuleuse fortune ; ce jour-là, à midi, il avait gagné quelques centaines de mille francs ; il était d'une humeur charmante.

Le banquier remuait des millions sur le papier, avec deux ou trois de ses complices, quand un valet de chambre vint lui annoncer la visite d'une jeune personne très-jolie, très-timide, très-distinguée, et surtout très-pressée d'obtenir quelques minutes d'audience.

Arsène fut introduite dans une splendide caverne, où des financiers s'ingéniaient à détrousser un gouvernement. A la première vue d'Arsène, la finance oublia les trésors de sa victime, tant cette jeune fille était vraiment jeune, tant cette belle fille était vraiment belle !

Arsène s'assit en tremblant, en rougissant; elle posa sa petite main sur ses lèvres, avec une sorte de secrète pensée, comme si elle eût voulu commander à sa bouche de ne point parler; elle attira tout doucement une larme au bord de ses grands cils, sans donner à ses beaux yeux le vilain tort de pleurer; elle se troubla, elle souffrit, elle s'évanouit presque, avec une grâce inimaginable.....

Mon Dieu! comme c'était bien joué!

A la fin, Arsène parla ainsi, en s'adressant au banquier :

— Monsieur, je suis bien pauvre, et ce qu'il y a de plus malheureux pour moi, c'est la pauvreté de ma vieille mère; aussi n'ai-je plus hésité à me défaire d'un bijou qui m'appartient en tout honneur, d'un bijou de famille, que j'aurais voulu garder longtemps... toujours... mais, à l'impossible, nul n'est tenu !... Si j'avais offert ce joyau à un acheteur vulgaire, je n'en aurais pas obtenu la moitié de ce qu'il vaut assurément; j'ai pensé à vous qui êtes bon, riche et généreux, et je viens, en tremblant de crainte et d'espoir, vous offrir mon petit trésor... Oh! je ne serai pas exigeante, monsieur... Je ne suis pas une marchande, et je ne vous offre qu'un bijou d'occasion...

Le banquier entr'ouvrit lentement la petite boîte rouge qu'Arsène venait de glisser sur sa table... et il y trouva... il y trouva... comment dirai-je?... il y trouva un simple *coquillage!*

Turcaret comprend à merveille, et il sourit ; Arsène baisse la tête ; les trois spectateurs de la scène ne devinent rien.

— Mademoiselle, répond enfin le banquier, en examinant tour à tour la petite boîte entr'ouverte et la petite fleur animée qui ne demande qu'à s'entr'ouvrir : ce bijou est très-beau, trop beau peut-être pour le prix que j'en pourrai donner; vous l'estimez beaucoup, sans doute?...

— Hélas! monsieur, vous devez croire que je n'ai jamais vendu rien de pareil... Mais vous êtes un si bon appréciateur de tout ce qui est bon et beau!... vous défieriez, m'a-t-on dit, pour ces sortes de joyaux, le plus habile lapidaire du monde! Vous jugerez.

Le jugement du banquier ne se fit pas attendre; le lendemain même, le marché fut conclu, et nous devons ajouter, à la louange de la jolie marchande, que son bijou d'occasion était neuf.

Quelques jours plus tard, Arsène d'Azur s'embossa au fond d'un délicieux petit coupé, pour faire son entrée solennelle dans le 13ᵉ arrondissement. Le matin de ce beau jour, elle disait à la mère Zuzu, en entendant piaffer ses deux chevaux : « Vois-tu, maman, je vais me laisser tomber d'un sixième étage dans une voiture, sans me faire de mal. »

La finance, qui protégea le premier pas d'Arsène dans le 13ᵉ arrondissement, devait porter bonheur à la vie galante de Mme d'Azur. Les plus gros banquiers de Paris, de France, d'Europe, ont ouvert avec une clef d'or la petite porte dérobée du boudoir d'Arsène. Londres et Francfort savent trop bien ce qu'il en coûte, non pas pour ouvrir cette porte, mais pour la refermer.

L'élégante maison d'Arsène d'Azur continue à rester fidèle à son origine financière : les banquiers y font chaque jour la pluie et le beau temps. Par bonheur pour notre Danaé de la rue Neuve-Saint-Georges, la pluie que font ces demi-dieux de la banque n'a que des gouttes d'or et d'argent.

Deuxième étage.

Une jeune actrice, qui a plus de beauté que de talent, plus de rouge que de rose, plus de blanc que de blancheur, plus de hardiesse que d'esprit, plus de bonheur encore que d'audace.

Eugénie Rosier est mariée. — Son mari demanda aux tribunaux, il y a quelques années, la permission légale de se séparer de sa femme; il parut à tout le monde qu'en pareil cas un jugement était une permission inutile.

A cette époque, une vieille comédienne disait au pauvre mari : — Vous avez donc perdu votre femme? — Hélas! répondit-il avec un jeu de mots assez spirituel, quand je l'ai prise..... c'était déjà fait!

On reprochait à cette charmante Eugénie d'avoir délaissé sa fille, en quittant la maison de son mari : — Que voulez-vous? répliqua l'actrice, je n'ai pas eu le temps de m'attacher à cette enfant..... Elle n'a que dix-huit mois!

Le mari de notre jolie comédienne répond volontiers aux gens qui lui parlent de sa femme : Vous vous trompez..... Elle n'est point ma femme; c'est une jeune fille que j'ai rencontrée autrefois, dans les coulisses, et que j'ai aimée; elle s'est avisée de m'emprunter mon nom, pour un seul jour, et voilà qu'à présent elle ne veut plus me le rendre!

Eugénie Rosier a débuté sur les planches de la rue Chantereine. Cette origine théâtrale explique sa vocation dramatique, son talent et ses succès.

Le théâtre est, pour Eugénie, une glace merveilleuse qui réflète l'image d'une jolie femme, en lui prêtant des beautés nouvelles; l'optique de la scène lui sert à souhait, pour attirer, éblouir et prendre les faciles oiseaux du 13° arrondissement : le théâtre est un miroir enchanté qu'elle montre, non pas aux alouettes qui volent, mais aux pigeons amoureux qui marchent.

Aucune actrice de Paris ne connaît, aussi bien qu'Eugénie, l'art de remplacer le fond par la forme, le cœur par le corps, l'intelligence par la figure, la finesse de la vue par la coquetterie du regard ; aucune poupée de théâtre n'excelle, comme Eugénie, à simuler la vie dramatique, avec des ressorts, des artifices, de la couleur, du clinquant et des chiffons : c'est un mannequin charmant qui joue la comédie; c'est un gracieux automate qui parle et qui chante ; c'est un petit chef-d'œuvre de mécanique, supérieur aux chefs-d'œuvre de l'illustre Vaucanson : il fait l'amour absolument comme une personne naturelle. Quand on examine attentivement cette adorable invention, qui est presque une actrice et presque une femme, on est tenté de s'écrier, avec un personnage comique : Mon Dieu ! comme l'on travaille aujourd'hui !

Eugénie Rosier est née dans une loge de portier : la prose de ce péché originel se mêle trop souvent à la poésie galante de l'actrice. Eugénie porte d'ordinaire des bijoux éclatants, des étoffes incroyables et des ornements fabuleux; mais il y a, dans ce luxe, dans cet éclat, quelque chose qui trahit les efforts du travestissement. Elle a des serviteurs proprement déguisés ; mais ces gens-là ont toujours l'air d'être un peu trop les amis ou les parents de leur maîtresse. Elle a des meubles magnifiques ; mais ce mobilier ressemble à une décoration de théâtre, et l'on craint de le voir disparaître au premier coup de sifflet du machiniste. Elle a une salle à manger d'une simplicité somptueuse ; mais on n'y mange jamais. Elle a une voiture et deux chevaux ; mais cet équipage appartient un peu à tout le monde : il y a du fiacre au fond de cet équipage-là. Elle a aussi des appointements fort honnêtes, des *feux* au théâtre et à la ville, un casuel assez considérable ; mais elle fait comme sa femme de chambre : elle met à la caisse d'épargne. Elle étale chaque jour une toi lette nouvelle; mais elle vend ses vieilles robes. En un mot, grattez la brillante actrice d'aujourd'hui, vous trouverez la petite portière d'autrefois.

Je me souviens d'un mot qui caractérise assez finement la galanterie *machinée* d'Eugénie Rosier : « Le boudoir de cette actrice est un petit théâtre de société. »

Troisième étage.

Il y a, dans Paris, de certaines femmes qui ne montent pas de très-bas, mais qui se donnent la peine de descendre de très-haut. La chaîne de l'obéissance leur pèse; les devoirs de la famille les fatiguent; le mariage les épouvante, et les voilà qui se prennent à désirer, à demander, à conquérir l'indépendance du 13e arrondissement. Une fois résolues à devenir libres, elles se dérobent au plus vite à l'ennui des affections et à la contrainte des devoirs : si elles ont un mari, elles le quittent; si elles ont un père, elles l'abandonnent; si elles ont un enfant qui sait déjà leur dire *ma mère!* elles l'éloignent, et le pauvre enfant ne marchera plus, en se traînant, pour aller cueillir des baisers, ces fruits délicieux et toujours mûrs qui pendent aux lèvres maternelles.

La séduisante locataire de notre troisième étage appartient à cette classe d'esclaves émancipées, qui se couronnent de roses sur un bonnet phrygien; elle est arrivée à la galanterie par la route du mariage : elle est arrivée au vice par la chemin de la vertu.

Les femmes du monde, naturalisées dans le 13ᵉ arrondissement, inspirent, en général, une réflexion qui est un éloge ou une critique : elles n'adoptent pas assez complètement leur nouvelle patrie. Elles manquent de légèreté, d'abandon, et quelquefois de charme ; elles cherchent souvent à paraître vertueuses, après avoir renoncé à la vertu ; elles ne savent pas toujours ce qu'il faut pour plaire, ce qu'il faut pour attacher ; elles ne savent pas oublier, elles ne savent pas apprendre, elles ne savent pas renaître ; enfin, elles ne sont pas tout à fait de leur nouveau pays ; la démarche, l'accent, la parure, trahissent chez elles une origine étrangère : ce sont les *réfugiées* du 13e arrondissement.

Ce qui précède s'applique à Mme Camille Bourgoing, la belle rentière du troisième étage.

Les femmes du monde, qui se réfugient dans le 13e arrondissement, ignorent le grand art de semer pour recueillir, d'offrir pour garder, de perdre pour gagner. Le secret de la poésie galante échappe à leur imagination : elles ne songent pas à se cacher pour mieux être vues, à fermer les yeux pour ne point dormir, à sourire pour avoir l'air de deviner, à se défendre sans résister, à résister après une défense inutile, à effrayer le bonheur par un regret ou par un souvenir, à séduire la science elle-même à force de naïveté, l'orgueil à force de dédain, la richesse à force de mépris.

Les femmes du monde, les femmes déchues dont je parle, ont quelquefois le tort de vouloir s'occuper en travaillant; les femmes-nées du 13ᵉ arrondissement ne s'occupent que des moyens de ne pas travailler : leur état est de ne rien faire, et c'est bien assez.

Le monde est peut-être comme la calomnie : il en reste toujours quelque chose; c'est à cause de cela, sans doute, que les *réfugiées* du 13ᵉ arrondissement conservent, en général, dans leur nouvelle patrie, des qualités mondaines qui ne valent pas des défauts galants.

Les femmes du monde, qui vieillissent dans le 13ᵉ arrondissement, ne savent pas vieillir; je veux dire qu'elles n'ont rien de ce qui peut faire aimer la vieillesse. Comme elles n'ont pas le droit de se rajeunir par la pensée, elles ne sont pas indulgentes pour la jeunesse : comme elles n'ont pas le droit de se souvenir d'avoir aimé, elles ne sont pas charitables pour les amours.

On naît pour le 13ᵉ arrondissement, comme on naît pour la poésie : les femmes du monde ont beau étudier l'art poétique de la galanterie... Elles ne sont pas nées poètes.

Quatrième étage.

Nous voici dans ce que le 13ᵉ arrondissement appelle un *Ménage parisien*; il ne manque à nos deux mariés... que le mariage : ce sont des époux devant Dieu !

Un jeune homme et une jeune femme, — l'un qui a de l'esprit, l'autre qui a de la beauté, — s'avisèrent un soir de se prendre pour deux jours : le ménage de Philippe et Mathilde dure depuis deux ans; les orages du 13ᵉ arrondissement n'ont pas encore renversé ce petit nid que les amours ont suspendu au balcon d'un quatrième étage.

Je ne suis pas sûr que Mathilde ne songe pas, quand elle n'a rien de mieux à faire, à un projet d'union légale qui ne se réalisera probablement jamais. Elle a eu le tort de prêter à l'amour ce que l'on donne au mariage: les femmes qui veulent se marier doivent ressembler aux fourmis... et les fourmis ne sont pas prêteuses.

Nous trouvons, dans les notes, dans les souvenirs d'un ancien mari du 13e arrondissement, la définition suivante des ménages parisiens : « Liaisons trop com-
« munes, que le désir étale avec beaucoup d'orgueil,
« et que la satiété désavoue avec un peu de honte; para-
« doxes pratiques, dont la charmante hardiesse séduit
« l'imagination et le cœur; usurpations naturelles,
« condamnées par le droit et par la morale; chaînes
« de fleurs, qui finissent par blesser les deux forçats
« d'amour qui les portent, et que les hommes d'esprit
« surtout savent traîner avec un dévoûment, une fai-
« blesse, un courage qui n'ont rien de spirituel. »

Voici, dans une analyse qui oublie les détails, l'exposition, le nœud et la péripétie finale de la comédie du mariage, reprentée par la plupart des ménages parisiens :

Une fantaisie, un désir ou une passion : on se plaît ou on s'aime.

On se prend, sans se promettre de se garder.

On se garde sans y songer, — et quand on y songe, le caractère est déjà plissé par l'habitude, le cœur a déjà pris une ride qu'une nouvelle passion pourrait seule effacer; mais, en pareil cas, une nouvelle passion est bien difficile, parce qu'en amour tous les changements font peur.

D'ordinaire, les mariés du 13e arrondissement ne possèdent presque rien, pour entrer en ménage; supposons un instant qu'ils possèdent quelque chose.

On dépense très-vite ce que l'on a, et plus tard, on dépense plus vite encore ce que l'on n'a pas.

On commence à vendre ses bijoux, en se disant tout bas qu'ils ont une origine suspecte : il ne faut pas que la pécheresse repentie conserve le plus petit lambeau de sa ceinture dorée.

On se décide à vendre une partie du mobilier, sous le prétexte que l'on a trop de meubles, et, parfois, sous le prétexte que l'on n'en a pas assez.

On se résout, bon gré, mal gré, à vendre ses plus beaux effets d'habillement : à quoi bon toutes ces belles choses? On ne va plus dans le monde... on ne veut plus y aller... on est si bien dans le déshabillé de son ménage!

Quand on ne vend plus rien, parce que l'on n'a plus rien qui puisse être vendu, on achète n'importe quoi, pour avoir encore quelque chose à vendre.

Je ne parle point des *reconnaissances* du Mont-de-Piété : elles sont vendues depuis longtemps ; les escompteurs du 13e en donnent volontiers *quinze pour cent*.

Lorsque la lutte extérieure devient impossible, la lutte intérieure commence : le *ménage parisien* se prend à renouveler, chaque jour, avec toutes les formes de la tragédie, la scène comique de Marinette et de Gros-Réné dans le *Dépit Amoureux*.

Comme les deux héros de la comédie de Molière, les deux mariés du 13e arrondissement se réconcilient après chaque scène de reproches et d'injures : ils s'abritent dans leur ancien amour contre la pluie, contre l'orage ; mais souvent, à force de se réconcilier, ils se haïssent, et ils ne s'embrassent plus que pour s'étouffer.

Dans ce dernier cas, il faut voir comme les deux esclaves amoureux tirent, chacun de son côté, les liens de fer qui les attachent l'un à l'autre, et comme ils se blessent en voulant aller plus loin que les deux bouts de cette lourde chaîne! alors ils se rapprochent, de guerre las, et ils se montrent leurs blessures; ils se rapprochent, non pas pour s'apitoyer, non pas pour guérir leurs plaies avec des larmes et des baisers, mais pour se blesser encore avec des menaces et des outrages.

Dans la vie intime de ces deux amants qui se haïssent, il y a quelque chose de plus triste, de plus menaçant, de plus effrayant que leur colère.... c'est leur silence.

Pauvres dramaturges! vous cherchez des sujets dramatiques, empruntés aux mystères de la vie parisienne?. Descendez au fond de tous les douloureux secrets des *ménages parisiens;* appelez à votre aide une étude admirable, une belle histoire du cœur amoureux, que Benjamin Constant à écrite dans le roman d'*Adolphe,* et vous aurez un drame effroyable, où l'amour, la vanité, la passion, l'ennui, la méfiance, la misère, le luxe, le regret et l'hypocrisie joueront un rôle!

Mathilde et Philippe, les époux du quatrième étage, n'en sont pas encore au drame du *ménage parisien;* ils s'efforcent peut-être de faire l'école buissonnière dans le domaine des expédients comiques : ils prennent le chemin le plus plaisant et le plus long pour arriver à la tragédie.

Cinquième étage.

Pauline Hofferte a été surnommée *Souffre-Douleur* par d'excellentes amies qui ne l'aiment pas. A vrai dire, le bonheur d'autrui lui cause toujours une horrible souffrance; et, en pareil cas, elle ne songe point à cacher qu'elle souffre. Il ne faut pas trop en vouloir à cette bonne et malheureuse Pauline : souvent, elle n'a pour dîner que l'envie de manger.

Pauline Hofferte n'a jamais rien su ou rien pu faire de son esprit, de son cœur et de sa figure; on dirait qu'elle a toujours placé sa jeunesse et sa beauté à fonds perdus, avec cette circonstance aggravante : qu'en perdant le fonds, elle n'a gagné aucune sorte de rente viagère.

Pauline vaut mieux que Quinola pour les ressources ; elle rappelle Rosambeau pour les expédients ; elle a joué avec tout pour pouvoir vivre ; elle a dépensé du génie pour ne pas mourir de faim ; elle a imaginé des miracles pour donner à la pauvreté les apparences du luxe ; elle a mérité cent fois un brevet d'invention ou de perfectionnement.

C'est Pauline qui a inventé les chapeaux en carton et les guipures en papier.

C'est Pauline qui a inventé les *loteries du souvenir* et les *tombolas de l'espérance*. Dans le premier cas, on envoie des billets à tous les amants de la veille ; dans le second cas, on offre des numéros à tous les amants du lendemain. D'ordinaire, il ne manque à toutes ces loteries que le billet gagnant : le lot est toujours nominal, et le tirage n'a jamais lieu que par-devant M. le maire du 13e arrondissement.

C'est Pauline qui a inventé l'annonce suivante, insérée dans les *Petites-Affiches*, à l'adresse des capitalistes du 13e arrondissement :

« Une femme encore jeune, assez jolie, spirituelle,
« ayant à payer beaucoup de dettes, demande à n'a-
« voir qu'un créancier. — S'adresser rue Neuve-St-
« Georges, n°...»

C'est Pauline qui a inventé la table d'hôte à la campagne, avec une chambre d'ami.

C'est Pauline qui a inventé la *quittance du loyer* par souscription.

C'est Pauline qui a inventé les petits jeux innocents, avec des gages *que l'on consomme* ; il lui en reste toujours quelque chose pour le déjeûner du lendemain.

C'est Pauline qui a inventé *le mystère de la vieille robe*. Un visiteur d'un certain âge ou d'un certain caractère étant donné, on s'habille, à son intention, d'une belle robe de..... l'année dernière ; le moment venu, on se lève précipitamment, je ne sais pas trop pourquoi, et voilà que la robe se déchire, je ne sais pas trop comment..... Si le visiteur a seulement pour trois louis de galanterie, il se hâte de réparer la maladresse qu'il n'a point commise : il remplace la robe... et le tour est fait.

C'est Pauline qui a inventé le *médecin de cœur*,

aimable praticien que l'on consulte... surtout quand on se porte à merveille. Ce médecin de cœur a succédé, dans le 13ᵉ arrrondissement, au directeur de conscience d'autrefois. Il y a de ces bons docteurs qui achèteraient, au besoin, le plaisir d'être consultés par leurs clientes; amis rares et précieux, qui paient volontiers à leurs jolies malades les honoraires du médecin !

C'est Pauline qui a inventé le *voyage autour de la grande table*. Lorsque le temps et les perdreaux sont durs, — lorsque, à cinq heures du soir, Dieu n'a pas envoyé à Pauline son pain quotidien , — elle se met en route, et sa pauvre servante n'oublie pas de la suivre. Elles voyagent ainsi, l'une suivant l'autre, de porte en porte, d'amie en amie, de cuisine en cuisine, de table en table, jusqu'à ce qu'il plaise à une bienheureuse femme qui dîne de leur offrir une portion de son dîner. Pauline et sa servante dînent bien tard quelque fois !

Quand elles n'ont pas dîné du tout, elles ne se croient pas forcées de souper.

Pauline me disait un soir, en me montrant une petite collection d'aquarelles qui représentaient des *amis* d'un âge fort respectable : « Toutes ces rides, tous ces cheveux gris, toutes ces grimaces, tous ces vieillards, enfin..... c'est à peu près l'histoire de ma jeunesse ! Quand je serai vieille, le contraire m'arrivera peut-être : je tâcherai de donner à mon dernier volume des pages roses, des images riantes et des figures jeunes. »

Pauline cherchait un jour, dans le dictionnaire de l'Académie, l'orthographe de quelques mots galants dont elle avait besoin contre un Russe lettré. En feuilletant ce gros livre, elle trouva la définition suivante du *chat : animal domestique, qui mange les rats et les souris...*

— L'Académie est une sotte ! s'écria Pauline ; elle devrait savoir que, dans le 13e arrondissement, ce sont les rats qui dévorent les chats !

Pauline est une des meilleures amies d'Arsène d'Azur, qu'elle déteste. Pauline n'aime pas davantage la petite Geneviève, du rez-de-chaussée ; elle s'obstine à ne pas lui pardonner un mot qui est pourtant d'une naïveté bien innocente ; le voici : le cinquième étage s'étant permis de tutoyer le rez-de-chaussée, Geneviève répondit à Pauline : « Pourquoi donc me tutoyez-vous ? est-ce que nous avons plumé des pigeons ensemble ? » La conscience de Pauline n'a pas digéré ces pigeons-là.

Sixième étage.

Le sixième étage est un long corridor divisé en petits trous que l'on appelle des chambres. Ces chambres, dites *à cheminée*, sans doute parce qu'elles auraient besoin d'un grand feu pour n'être point des glaciers en hiver, sont occupées par les *bonnes* de ces dames, des bonnes de confiance qui ont, en général, le droit de tutoyer leurs maîtresses.

Les caméristes du 13ᵉ arrondissement ne marchent pas toujours sur une litière de roses, même lorsqu'elles vivent au milieu des fleurs. Ces pauvres filles s'associent volontiers à l'existence d'une jolie femme, sans rien partager avec leur maîtresse, sinon les déboires, les appétits et les privations de la mauvaise fortune.

Dans le monde, les servantes ne sont, d'ordinaire, que des domestiques; dans le 13ᵉ arrondissement, les domestiques deviennent des confidentes. Elles ont conservé la tradition de la comédie : elles sont les revenants des servantes de Molière et des suivantes de Marivaux. Elles grondent, elles conseillent, elles inspirent, elles protégent, — presque toujours des ingrates.

J'ai connu une jolie petite personne au service de Pauline, et qui aurait pu nous en conter de belles sur les *conditions* du 13ᵉ arrondissement!

Cette pauvre nègresse blanche, nommée Julie, me disait, un jour, avec une plaisante tristesse, qu'elle était forcée, faute de souliers, de porter des bottes dans le mauvais temps. Elle avait découvert ces vieilles bottes éculées, parmi les hardes de Madame! Cette malheureuse chatte bottée ne savait pas elle-même comment cette horrible chaussure avait pu s'égarer dans les chiffons de sa maîtresse.

Un soir, pendant l'absence de Pauline, je surpris Julie au moment où elle se coupait une mèche de cheveux qu'elle se mit ensuite à tresser. Je lui demandai naïvement :

— A qui as-tu promis cette jolie tresse ?

— A Madame, répondit-elle, en souriant.

— Qu'en fera-t-elle ?

— Un petit cadeau, un souvenir...... Vous ne comprenez pas ?.... Ma maîtresse a besoin de tout ce qu'elle a de beau.... C'est son état d'être belle des pieds à la tête... Eh bien ! comme j'ai absolument les mêmes cheveux que Madame, pour la nuance et la finesse, je me suis engagée à lui fournir des mèches.

Fournir des mèches !...

Julie ne se plaignait que d'une chose, au service

un peu rude de Pauline : c'était de ne pas dîner tous les jours.

Quelques visiteurs familiers lui donnaient, parfois, un peu d'argent, — surtout lorsqu'ils n'étaient encore que les amis de la maison ; mais cet argent passait toujours, tôt ou tard, dans la bourse de sa maîtresse, quand *la bise était venue ;* c'était l'accessoire qui secourait le principal.

Julie servait Pauline, sans l'aimer : elle était heureuse de la voir réussir, et malheureuse de la voir prospérer ; elle était la servante, bien plus de sa beauté que de sa personne ; elle intriguait, non pas pour une femme, mais pour l'intrigue elle-même ; elle s'efforçait d'embellir, de parer, de faire valoir une idole qui personnifiait, à ses yeux, le culte secret de son cœur : la galanterie ; elle aurait trahi le bonheur de sa maîtresse, si ce bonheur avait duré trop longtemps ; elle se dévouait, par une espèce d'esprit de corps : elle se mêlait, par instinct, à la guerre du 13ᵉ arrondissement contre les hommes. Julie résumait, dans son dévouement, tous les vices et toutes les qualités de la domesticité galante.

Rien n'est plus sévère, plus respectueux, plus

digne que l'attitude d'une servante du 13ᵉ arrondissement, quand il s'agit de servir devant témoins, c'est-à-dire devant des visiteurs qui valent les frais, les costumes, le langage et les décors d'une comédie ; mais souvent, au dernier pas du spectateur qui se retire, la camériste prend la plus belle décoration de ce petit théâtre de société, pour la jeter à la figure de sa maîtresse : en pareil cas, les deux héroïnes de la pièce, Araminte et Marton disparaissent en même temps, et il ne reste plus, sur la scène, que deux véritables servantes ; le salon redevient une antichambre, et l'on y sent la cuisine.

En général, les deux servantes se réconcilient bien vite, et l'on finit par faire griller des côtelettes dans un boudoir.

Les servantes du 13ᵉ arrondissement se distinguent surtout, quand il s'agit de lutter contre les créanciers du logis : aucun expédient, aucune ruse, aucun mensonge ne leur coûtent pour repousser les prêteurs, s'ils ont déjà prêté ; on peut dire que, sans elles, bien des rentières du treizième arrondissement ne pourraient pas faire de dettes ou ne pourraient pas ne point les payer : après les avoir aidées à emprunter, leurs servantes les aident à ne pas rendre.

La plus douce vengeance et le plus grand bonheur pour une servante du 13ᵉ arrondissement, c'est de prendre une chemise à sa maîtresse pour aller au bal, — une chemise brodée, si c'est possible, et ornée d'une faveur rose.

VII

L'Amour et l'Argent.

Dans le 13ᵉ arrondissement, l'argent a toute la sottise que donne le pouvoir d'acheter les plus belles choses du monde, précisément ce qui ne devrait jamais être à vendre; — en revanche, l'amour doit avoir toute la naïveté que donne la jeunesse, tout le fol enthousiasme que donne l'ignorance, toute l'aveugle soumission que donne le dévoûment.

L'argent entre chaque jour, sans hésiter, dans la

galante demeure d'une femme, qu'il ne craint point de compromettre ; — près d'arriver au seuil du logis de sa maîtresse, l'amour doit rôder autour de cette bienheureuse demeure, de peur de coûter un regret ou une crainte.

L'argent peut adorer tout haut, et fredonner des refrains équivoques dans un boudoir ; — l'amour n'a le droit que de parler et d'aimer bien bas, quand on daigne le recevoir, l'encourager et lui sourire.

On est toujours visible pour l'argent ; — souvent,

il faut que l'amour prenne en plaisir la peine de faire antichambre.

L'argent n'a besoin de respecter ni le sommeil, ni le repos, ni les migraines, ni les vapeurs, ni les prétextes d'une coquette; — l'amour doit obéir à tous les caprices, à tous les mensonges de la jeunesse et de la coquetterie.

Rien ne force l'argent de quitter sa place, lorsque l'amour vient tout doucement frapper à la porte; — au moindre bruit qui annonce l'approche de l'argent, l'amour *détale* bien vite avec les deux rats de la fable, pour se cacher dans une alcôve, dans une armoire, dans un trou.

L'on ne demande à l'argent que des chiffons, des bijoux, et de l'exactitude à de certaines échéances ; — on réclame, de ce pauvre amour, une obéissance exemplaire, une patience à l'épreuve, beaucoup de gentillesse, des trésors d'esprit, et presque du génie en détail.

D'ordinaire, dans le monde de la galanterie, l'amour se moque bien haut de ce seigneur que l'on appelle l'argent. Ah! comme l'argent aurait le droit de le lui rendre!

Parfois, l'amour ne consent à jouer son rôle qu'à son cœur défendant : il lui paraît bien triste et bien honteux d'aller se blottir dans la coulisse d'un petit théâtre amoureux, dès que M. Turcaret s'avise de frapper à la porte avec le bout d'un lingot d'or ; mais, Dieu merci ! l'amour appelle à son aide le doux système des compensations, et son infériorité apparente a quelque chose de mystérieux qui ne manque pas de charme.

Comme il travaille tout le jour pour s'enrichir encore, l'argent n'a pas le goût des longues veilles, et il se couche volontiers sur son coffre-fort avant minuit ; — l'amour, qui dort souvent du matin au soir, ne demande pas mieux que de ne point dormir du soir au matin.

Il faut tant de choses pour charmer l'argent, dont le cœur a déjà bien des rides !... Il faut si peu, si peu de bonheur, pour enchanter l'amour, dont rien encore, peut-être, n'a ridé le cœur !

Dans le 13ᵉ arrondissement, aussi bien que dans le monde, l'amour jeune, l'amour vrai, est un artiste qui ne vit que de la douce faiblesse de sa passion : il aime pour aimer. Comme il a l'espoir d'adorer et d'être adoré jusqu'à la dernière heure de la vie, il s'amuse à des riens charmans qui feraient honte au despotisme de l'argent.

L'argent ne songe qu'à marcher bien vite, sur la grande route qui conduit aux vulgaires plaisirs ; — l'amour s'arrête longtemps, trop longtemps peut-être, çà et là, partout où il trouve un peu d'ombre et de mystère : c'est un bienheureux, c'est un élu qui s'oublie, à la porte du paradis.

L'argent serait honteux de paraître en public, avec une femme qu'il achète ; — l'amour se sent bien fier de pouvoir se promener, bras dessus, bras dessous, avec cette même femme qui se donne.

L'argent s'empare de tout ce qu'il paie, — en gros ; l'amour reçoit tout ce qu'il ne paie pas, — en détail.

Que voulez-vous que fasse l'argent, d'une belle larme, d'un soupir, d'un regard, d'un sourire, d'un verre que la galanterie a touché du bout de ses lèvres, d'une fleur qui a échangé son parfum contre celui d'une femme, d'un mouchoir oublié, d'un portrait que l'on dérobe, d'un anneau qui ne vaut rien chez le bijoutier, d'une agrafe qui se détache, d'une épingle qui tombe, d'une dentelle qui se déchire, d'un simple ruban qui ne peut être volé que par la main tremblante de Chérubin?... L'argent ne saurait rien faire de tout cela ; mais, l'amour est si habile, et si ingénieux, qu'il en fait un monde tout plein d'orgueil et de bonheur.

L'argent ne se mêle d'ordinaire des emplettes d'une femme, que pour les payer ; — l'amour a le droit de discuter la couleur d'une étoffe, la forme d'un bonnet, la richesse d'un bijou, les ornements d'un chapeau, et l'on ne saurait dire combien l'amour se sent heureux d'être ainsi pour quelque chose, pour une idée, pour une nuance, pour un brin de soie, de fil, d'or ou d'argent, dans l'habillement, dans la coiffure, dans les épingles d'une femme qu'il aime !

Le choix des loges, au spectacle, appartient aux attributions secrètes de l'amour : il peut les choisir à son gré, et il les choisit toujours de façon à bien se faire voir, à bien se faire envier de tous les spectateurs de la salle. Au théâtre, l'amour affecte de parler bien bas à sa maîtresse, en lui souriant; il badine avec son éventail, avec son bouquet, avec son mouchoir, avec la chaîne de sa cassolette : il joue publiquement son rôle d'amant heureux, — et de ce bonheur qui passe si vite, il trouve le moyen de garder un peu de joie pour toute la journée du lendemain.

Il semble à l'amour que la beauté qu'il aime doit être éternelle ; — il semble à l'argent que la galanterie a peu de temps à être belle, et beaucoup de temps à ne l'être plus.

L'argent ne se bat jamais pour une insulte faite à sa maîtresse ; — l'amour n'a rien de plus pressé que de relever une pareille insulte, avec la pointe de son épée. Il se bat, on le blesse ; et, quand sa blessure n'est pas mortelle, il se plaint de ne pas mourir, à vingt ans, pour une femme bien-aimée !

L'argent se garde bien d'écrire des tendresses à la galanterie ; — l'amour se garde bien de ne pas lui adresser les lettres les plus tendres : il pratique sans le savoir le grand art de se rendre véritablement amoureux.

L'argent, au service des fantaisies galantes, fait la fortune des tapissiers à la mode ; — l'amour, au service de la galanterie, peut se vanter d'enrichir les bouquetières du 13e arrondissement.

Cette observation nous rappelle un mot charmant de Mme Prévot, l'ancienne et complaisante fleuriste

du Palais-Royal. L'amour, sous les traits d'un tout jeune homme, se présente un jour devant elle, et lui demande à voix basse un bouquet, un très-beau bouquet, enfin un bouquet d'amoureux. — Où en êtes-vous? lui dit en souriant Mme Prévot... *avant* ou *après?* —Mais, madame.... —*Avant* ou *après?*... c'est très-essentiel. — Eh bien! madame, *après!* — A merveille, monsieur; voici un bouquet de fleurs épanouies; dépêchez-vous de le porter.... les fleurs d'*après* meurent très-vite.

La galanterie ne coûte guère à l'argent que ce qu'il donne au comptant, en monnaies ayant cours;

— la galanterie finit quelquefois par coûter à l'amour un peu de fierté, un peu de délicatesse, un peu d'honneur.

En pareil cas, l'amour n'est jamais ni assez aveugle, ni assez fou pour ne pas voir, pour ne pas comprendre qu'il se perd ou qu'il va se perdre. Ce n'est pas le sentiment du devoir qui lui manque, mais le courage de le remplir. Il sait bien en quel gouffre il risque de disparaître tôt ou tard ; mais il n'a pas la force de s'arrêter en route, — et, quand il succombe, il a le double tort de tomber et d'avoir pressenti sa propre chute.

Il n'y a que la première rougeur qui coûte au front d'un jeune homme amoureux. Plus d'une fois, dans le 13e arrondissement, l'amour a commis cette grande faute : il n'a pas craint de devenir le débiteur d'une femme!.... il met son orgueil, et sa liberté, et son honneur, en gage sous l'oreiller de la galanterie.

N'acceptez jamais de votre maîtresse un service d'argent, fût-elle la créature la plus noble, la plus généreuse, la plus dévouée!... ce sera toujours une femme, et cela suffit pour qu'il ne faille rien lui devoir. Empruntez-lui des baisers, des serments et des caresses tant qu'il vous plaira : vous les lui rendrez avec usure, et vous serez quittes.

Par les mauvaises mœurs qui gâtent le monde, la morale est devenue très-sévère. On flatte, on séduit, on calomnie, on abandonne les femmes, à la bonne heure! mais, dès qu'il s'agit de les estimer assez pour compter sur leur dévoûment, sur leur amitié, sur leur amour, à charge de revanche, la morale vous prend à la gorge, et s'écrie : Halte-là! Le service qu'il demande à une femme flétrit un galant homme!

Selon moi, c'est là l'injure la plus cruelle que les hommes aient inventée contre les femmes.

En général, dans le 13e arrondissement, l'amour se rend coupable de deux vilenies quotidiennes, dans l'intérêt de ses menus-plaisirs : Il tremble devant une femme galante, et il a peur devant un homme d'argent.

Quand il est bien fatigué de trembler et de se cacher, l'amour s'avise de vouloir commander, à son tour ; il veut remplir tout seul le cœur, la pensée, la vie de cette femme, et pour combler un pareil abîme, il y jette son esprit, son imagination, ses espérances et son honneur.

Devenu maître du logis, l'amour garde par habitude ce qu'il a pris par vanité. L'habitude est une espèce de ride qui plisse le caractère : ne pouvant effacer la vilaine ride dont je parle, l'amour se décide bien souvent à épouser la galanterie qui ne l'aime plus ! dans le 13e arrondissement, on n'épouse sa maîtresse que le jour où elle a cessé de vous aimer.

Quand elle veut se marier avec l'amour, — de la main droite qui est la main de justice du mariage, — la galanterie commence par pleurer d'un œil.

Ensuite, elle se met à débiter beaucoup de mal sur les hommes en général, et sur les hommes d'argent en particulier.

Plus tard, elle condamne impitoyablement ces bonnes et charmantes folles qui vivent de plaisir jusqu'à ce qu'elles en meurent. Méfiez-vous de la galanterie qui frappe sur les jolies doigts des femmes galantes : Elle conspire contre un honnête homme amoureux.

Après cela, elle s'avise de célébrer la vie du couvent, qui est le suicide d'autrefois, et le monastère lui sert de trait-d'union pour arriver au sacrement du mariage.

Enfin, il ne reste plus à la galanterie qu'à se jeter aux pieds de l'amour, en le suppliant de la conduire à la vertu par le double chemin de la mairie et de l'église.

L'argent résiste, bien mieux que l'amour, à la capitulation du mariage : si, par hasard, il se marie dans le 13e arrondissement, ce ne peut être que pour reprendre à sa femme ce qu'il a donné à sa maîtresse.

Il y a, dans le monde, des mariages de toutes les sortes : le mariage de raison, qui n'est presque jamais raisonnable; — le mariage d'amour, entre jeunes gens passablement amoureux; — le mariage de convenance, qui ne convient ni à l'un ni à l'autre des deux époux; — le mariage d'argent, qui donne à une belle dot toutes les apparences d'une belle femme; — le mariage d'occasion, qui ressemble au mariage des petits oiseaux, c'est-à-dire à un mariage à la première vue; — le mariage de résignation, qui ne laisse à la mariée que le droit de répondre à M. le maire; — enfin, le mariage à l'essai, qui s'amuse à donner en secret quelques à-comptes à l'amour.

Eh bien! le 13e arrondissement a inventé une nouvelle espèce de mariage au profit de la galanterie et de l'amour : c'est le *Mariage d'aversion*..... parce qu'il n'apporte aux deux mariés que l'espérance de se haïr.

La galanterie mariée, quand elle est riche, fait quelquefois d'excellents retours sur elle-même. Près de mourir, pour avoir trop vécu sans vivre longtemps, elle vous remercie de votre courage de mari; elle appelle un notaire; elle déshérite sa pauvre famille de portiers, elle dicte un testament, et vous devenez son légataire universel.

Ainsi faite, votre fortune ressemblera peut-être à l'habit d'arlequin, fabriqué de milliers de chiffons, bariolé de mille nuances; mais, qu'importe? Vous direz que c'est là un vêtement de fantaisie, et bien des gens le trouveront admirable. Votre coffre-fort ressemblera à une grande tirelire, dans laquelle chaque passant aura déposé son offrande ou son aumône; mais, qu'importe? la tirelire une fois brisée, il vous reste la richesse, une richesse composée de pièces d'or frappées à toutes les effigies royales de l'Europe, et que vous prendrez la peine d'échanger contre une seule monnaie, la monnaie de France. Alors, vous aurez le droit d'humilier tous les pauvres diables d'esprit qui n'ont rien laissé de leur toison d'honneur aux broussailles du 13e arrondissement; vous aurez un carosse-para-crotte, des meubles somptueux et des valets; vous ferez courir à Chantilly, contre des banquiers célèbres avec des chevaux qui ont piaffé dans les écuries de l'Argent, votre ancien rival dans le boudoir de la galanterie; et puis, vous serez lorgné, toisé, salué, adoré par toutes les cousines germaines de feu votre femme, par toutes les Manons Lescaut de Paris!

Dieu merci! tous les amours du 13ᵉ arrondissment ne vont pas s'abîmer dans ce vilain petit gouffre que je viens d'entr'ouvrir au milieu des fleurs : ils passent si vite sur l'abîme, qu'ils échappent souvent au danger d'y tomber. On peut dire qu'en général, l'amour est défendu, contre sa propre faiblesse, par la galanterie elle-même, qui n'a pas toujours le temps de le désoler, de l'avilir et de le perdre. Il faut si peu de chose, un si léger nuage, pour assombrir l'horizon amoureux du 13ᵉ arrondissement! il faut si peu de chose, un souffle, une goutte d'eau, pour éteindre le feu d'artifice d'une femme galante!...

Il y a peut-être, en effet, dans la galanterie, je ne sais qu'elle prestigieuse ressemblance avec un feu d'artifice. L'œuvre de l'artificier éclate, brille, vous éblouit et vous enchante; mais si, par malheur, un peu de pluie mouille les fusées, les soleils et les gerbes de poudre, adieu la plus brillante pièce du feu d'artifice... le bouquet ne partira pas! Eh bien! n'en est-il pas ainsi, presque toujours, de la galanterie du 13ᵉ arrondissement? L'artifice galant rayonne autour de vous : il vous illumine en vous inondant de bonheur; il éblouit votre conscience; il sème dans le ciel de votre esprit des myriades d'étoiles que l'on appelle des illusions; il fait flamboyer à vos yeux toutes sortes de châteaux en Espagne et à Cythère; mais si, par malheur, un peu de pluie, c'est-à-dire un grain de raison, vient abattre toute cette poussière lumineuse, adieu les brillantes merveilles de votre mirage!.. Le bouquet d'artifice ne contiendra que des cendres.

VIII

La Galanterie et l'Esprit.

Si l'esprit est une divinité mystérieuse, une bonne fée qui prête de la finesse à nos pensées, du trait à nos réparties, de la malice à nos épigrammes, de la saveur à nos compliments, de l'intérêt à nos mensonges, de l'éclat aux vérités les plus simples, de l'atticisme à tous nos propos, l'esprit ne court peut-être pas les rues du 13e arrondissement ; je dois ajouter bien vite que l'esprit se cache et se montre quelquefois dans le monde de la galanterie, sous les apparences d'une femme galante : la royauté de l'esprit y tombe en quenouille.

Les femmes exceptées, parce qu'elles ont au moins des semblants spirituels, on peut dire que, dans le 13ᵉ arrondissement, l'esprit est aussi rare qu'une grande passion.

Dans le 13ᵉ arrondissement, les hommes s'agitent... mais c'est la galanterie qui les mène !.. Si elle essayait de les mener à l'esprit, il y en a quelques-uns qui ne demanderaient pas mieux que d'y arriver ; par malheur, la galanterie se soucie fort peu des cœurs qui ont de l'esprit, et je crois qu'elle a tort pour elle-même : il n'y a que les amoureux spirituels qu'une femme galante puisse espérer de rendre stupides.

La causerie gracieuse, fine, ingénieuse, poétique, brillante, sablée d'or et d'argent, est à peu près inconnue dans le 13ᵉ arrondissement ; il en résulte quelque chose de malheureux, surtout pendant le jour : c'est que la galanterie n'a presque pas de salons à vous offrir... Elle n'a guère que des chambres à coucher ; les lits prennent la place des causeuses.

La plupart des jeunes *Beaux,* que le monde adresse au 13ᵉ arrondissement, ont tant d'esprit, tant d'esprit... qu'ils ne s'aperçoivent pas de leurs sottise, même quand ils s'ennuyent en s'écoutant. Ces fringants amoureux, dont le ridicule est infatigable, réussissent beaucoup en se laissant vivre bêtement, tout le long d'une petite rivière vaseuse qui est le joli fleuve de la galanterie parisienne.

Cette jeunesse bien vêtue, bien gantée, bien bottée, a toutes sortes de rides sur la conscience; ces petits vieillards de vingt-cinq ans méprisent les passions romanesques, les belles passions qui étaient autrefois la folie raisonnable de toutes les âmes bien nées ; ils dédaignent le travail qui exige de l'intelligence, le dévouement qui exige de l'imagination ; enfin, ils ont horreur de l'esprit, qui le leur rend à merveille.

Je me suis demandé bien des fois ce que pouvait devenir, après trente ans, la jeunesse dorée du 13ᵉ arrondissement...

Comme elle ne s'est jamais attachée à rien, ni à personne, que voulez-vous qu'elle devienne, quand il ne lui restera pas même une figure qui soit jeune ?... Elle fera des ronds dans les égouts de Paris.

C'est d'ordinaire à cette charmante jeunesse, que la galanterie confie le bonheur de faire les beaux jours et les belles nuits du 13ᵉ arrondissement.

Je me souviens d'avoir assisté, dans une jolie dépendance du 13ᵉ arrondissement, dans une galante bergerie où les brebis venaient de pâturer avec les loups, à un petit débat sur l'esprit, sur la galanterie et sur la sottise; ce soir-là, par extraordinaire, tout le monde était presque spirituel, même l'argent. C'était un dimanche, dans une petite maison qui sent la violette, au milieu des ombrages du bois de Romainville. Ce grand nid de fleurs appartient à un bel oiseau de proie que vous connaissez déjà et que l'on appelle Arsène d'Azur — Le soir, à neuf heures, le plus violent orage éclata soudain; la pluie, les éclairs et le tonnerre firent peur à la plupart des convives qui s'apprêtaient à partir : on résolut d'abord de passer la nuit dans la petite maison du bois, en faisant de chaque salle, de chaque chambre, de chaque coin du logis, un véritable dortoir improvisé; ensuite, sur la proposition d'un amoureux que la jalousie aurait empêché de dormir, on résolut de veiller toute la nuit, dans l'attente du jour et du beau temps, avec l'aide du jeu, de la causerie et de la musique.

La veillée fut charmante : des canapés pour les bavards de profession; — pour les amours qui avaient froid, la flamme d'un bon feu d'automne; — pour les joueurs, qui n'avaient rien de commun avec la Grèce, le lansquenet et le baccarat; — un buffet pour les gourmands; — des valses de Strauss pour les musiciens; — et puis, des adorateurs, des galantins, des frelons qui bourdonnaient autour de la galanterie, afin de la tenir bien éveillée.

Le boudoir d'Arsène, à Romainville, était surtout remarquable, bien moins par la recherche des meubles que par le choix des personnes qui s'y étaient réfugiées, à l'ombre d'un grand portrait de Winterhalter. La coquetterie s'y pavanait, en faisant une roue

éblouissante; le vice galant y étalait toutes ses grâces; la jeunesse amoureuse s'en donnait à cœur joie, à la manière des enfants gâtés; la galanterie, l'amour et l'argent s'entendaient, par extraordinaire, dans un babillage spirituel : une fois n'est pas coutume! on parla tout naturellement de l'esprit et de la beauté.

Un vieux général qui a le courage de vouloir mourir au champ d'amour, c'est-à-dire sur un lit de camp du treizième arrondissement, se prit à demander :

— Pourquoi les hommes vraiment spirituels ne plaisent-ils point aux femmes galantes?

Pauline Hofferte, un peu dépitée contre le général, répondit aussitôt :

— Parce que vous leur plaisez !

Une jolie bouche, qui ne mentait que depuis deux ans, répliqua à son tour :

— Parce que les femmes.... qui ont quelque chose à se reprocher ne veulent pas être effrayées : ceux qui ont beaucoup d'esprit les effrayent toujours un peu.

Une petite baronne du pays de Bréda, rose et bouffie comme une bergère de trumeau, hasarda la proposition suivante :

— En amour, les hommes d'esprit ne font que des

sottises; les imbéciles n'en font jamais.... Voilà tout le secret de notre préférence.

— Bravo ! s'écria un banquier qui ne jouait, chez la galanterie, que le rôle de l'Argent; oui, vous avez raison: les gens d'esprit traitent les affaires de cœur comme les ignorants traitent les livres.... ils n'y entendent rien !

— Qu'est-ce à dire? répliqua une *réfugiée* du 13ᵉ arrondissement; ose-t-on bien affirmer que la niaiserie l'emporte sur l'intelligence, et la sottise sur l'esprit?

— « Précisément ! chanta une vieille cigale qui avait

bien chanté, tout l'été, et qui chantait encore, quoique la bise fût venue ; précisément, ma chère !... pour peu qu'ils soient beaux, les gens médiocres sont presque toujours les bien-venus dans le cœur des femmes galantes. Les hommes vulgaires ont beaucoup de temps à perdre : ils ne font rien, ils ne pensent à rien, ils ne rêvent de rien ; quand ils aiment, ils n'ont à s'occuper que de leur amour, et cela flatte notre désœuvrement....

« Dans l'art de nous faire la cour et de nous plaire, parlez-moi des imbéciles !... Ils devisent de la pluie et du beau temps ; ils parlent de modes et de chiffons ; ils ne sont pas fiers, et ils s'enfarinent volontiers ; ils mangent de tout, ils boivent de tout, et ils digèrent tout ; ils se peignent, ils se font les ongles, et ils portent bien la tête ; ils savent danser, ils jouent aux jeux innocents, ils chantent *larifla*, ils escamotent des œufs, ils avalent des couteaux et ils devinent les charades ; enfin, ils sont minutieux, frivoles, désœuvrés, menteurs, habiles, égoïstes, imparfaits comme nous.... Et nous les aimons peut-être par esprit de corps.

« Un sot amoureux copiera, au besoin, dans un

livre, de très-méchants vers pour la femme qu'il aime ; un amoureux spirituel n'osera pas même en composer de très-bons pour une femme bien-aimée.

« Un amant vulgaire ose tout, sans le savoir, et il réussit ; un amant d'élite n'ose rien, de peur de trop oser, et il échoue.

« Il n'y a pas un seul imbécile qui ne s'avise d'être audacieux avec une femme galante.

« Je vous défie de dérober, à force de coquetterie, une seule larme aux yeux de la sottise ; je vous défie, si vous êtes coquette, de ne pas faire pleurer l'esprit sur vos genoux !

« Mettez un homme d'esprit et un sot aux prises pour une coquette galante : il y a cent à parier contre un que le premier n'entrera jamais dans la terre promise ; c'est le second qui arrêtera le soleil dans sa course, et qui jouera le beau rôle de Josué.... dans un boudoir.

« Dans tout ceci, une seule chose me surprend et m'inquiète : puisque les femmes galantes n'aiment bien que les imbéciles, pourquoi ont-elles de l'aversion pour leurs *maris d'argent ?...* »

Personne n'essaya de répondre à cette impertinente

douairière du 13ᵉ arrondissement, excepté pourtant un financier qui lui dit à voix basse :

— Vous avez beau être spirituelle... ce n'est pas avec l'esprit que l'on aime !

— « Non, reprit-elle, mais on peut aimer avec esprit !

« Croyez vous, en conscience, que l'esprit et la sottise s'endorment de la même façon, sur l'oreiller de la galanterie ? l'oreiller devine le bonheur spirituel, et il lui prête je ne sais quelle grâce... même quand il dort.

« Croyez-vous qu'il soit facile de dîner avec une maîtresse, quand on n'excelle qu'à manger ?

« Croyez-vous qu'il ne faille pas à l'amour un peu d'esprit, pour bien recevoir le matin, dans les bras de la galanterie, l'éclatante visite du soleil ?

« Il y a des enfantillages amoureux qui sont absurdes ou horribles avec un imbécile ; ils peuvent être charmants avec un homme d'esprit.

« Il y a des hardiesses galantes que l'esprit seul rend supportables, en s'y prenant avec une audacieuse timidité.

« Les femmes les plus sottes n'ont pas besoin d'apprendre le métier de coquette; les hommes n'apprennent la coquetterie qu'à force d'esprit.

« Enfin, la sottise, dans la galanterie, ressemble à une lampe indiscrète qui dévoile tout pour tout voir; l'esprit, c'est peut-être... une veilleuse, qui jette sur tout de l'ombre et du mystère, pour avoir le droit de tout regarder sans indiscrétion. Allez, allez, mes jeunes cousines.... c'est grand dommage que la galanterie et l'amour soient presque toujours séparés de biens, de corps et d'esprit! »

La cigale, qui chantait ainsi contre la sottise, au milieu des fleurs galantes du bois de Romainville, n'avait-elle pas spirituellement et amoureusement raison? Oui, quel dommage que la galanterie, qui est souvent spirituelle, s'avise de haïr l'esprit!... Quel dommage qu'ils ne puissent pas toujours vivre en bonne intelligence, l'un près de l'autre, comme deux amis intimes, comme deux bons camarades de lit!...

La forme ingénieuse, qui sert à un homme spirituel pour parler de son amour, n'ôte rien à la sincérité de ce qu'il exprime. Puisqu'il est indispensable, sous peine d'être muet, de traduire la pensée avec des phrases, pourquoi la galanterierie n'aurait-elle pas une secrète préférence en faveur de l'esprit, contre la sottise ?

Si l'esprit se fait l'interprète élégant de la passion ; s'il attache, avec des flots de rubans, les ailes de l'amour, sans qu'il en tombe une seule plume, pourquoi le haïr et pourquoi le proscrire ?

L'esprit peut-il gâter la galanterie? Il la pare, il l'embellit, il la déguise en amour, il l'élève jusqu'au cœur, il la rend tout-à-fait présentable ; à chaque instant, il vient à son aide, en lui offrant toutes sortes de belles choses qui tombent de ses lèvres : des rubis et des paroles brillantes, des saillies heureuses et des diamants, des délicatesses galantes et des perles fines.

Quel mal l'esprit peut-il avoir fait à la galanterie, pour qu'elle s'obstine à le renvoyer à la vertu, à l'ennui et au mariage?

L'esprit, dans l'amour, ne nuit à personne, et souvent il a protégé quelques malheureux du 13e arrondisment.

J'y songe ! l'esprit a peut-être commis un crime impardonnable : il s'est avisé quelquefois d'attendrir et de séduire la galanterie, au profit de l'amour et de la pauvreté! — Il paraît que c'est là un vol.

IX

Le jeu de la vie et de la mort.

Tandis que nous visitions ensemble les cinq étages d'une maison du 13ᵉ arrondissement, je n'ai pas été le flatteur d'Eugénie Rosier. Je me souviens aujourd'hui d'une histoire amoureuse, qui est un éloge de cette petite comédienne, parce qu'elle touche à l'intérêt et à la tristesse de la passion. — La passion est une circonstance atténuante de la galanterie.

Un jour, un soir ou une nuit, il se répandit une

grande nouvelle dans le 13ᵉ arrondissement; un Espagnol, aussi noble que le duc d'Ossuna ou que le prince d'Anglona, venait de descendre à l'hôtel Saint-Phar, sur le boulevard Montmartre. Cet Espagnol n'était point marié; on le disait riche comme un grand d'Espagne d'autrefois; il avait de la jeunesse et de la distinction, ce qui ne gâte ni la noblesse, ni la fortune; enfin ce bel Hidalgo de Murcie semblait fort timide et fort triste, deux qualités précieuses pour la galanterie paisienne qui excelle à jouer avec la timidité et avec la tristesse. Les plus jolies chasseresses du pays de Tendre se hatèrent d'étamer leurs *miroirs aux alouettes;* la galanterie ouvrit aussitôt ses brillantes volières : le comte Manuel de Capa y Espada n'avait plus qu'à bien se tenir, à bien fermer les yeux, en passant au-dessus de la prairie miroitante du 13ᵉ arrondissement.

Pour un étranger jeune et riche, il est impossible de ne pas toucher, de ne pas se laisser prendre, un peu plus tôt, un peu plus tard, à la glu de la galanterie parisienne. Sous peine de ne voir ni rien ni personne qui touche à quelque chose, le voyageur qui a du temps et de l'argent à perdre se surprend, bon gré, mal gré, à franchir, de jour ou de nuit, les limites équivoques du 13⁰ arrondissement.

Le comte Manuel de Capa y Espada avait la main heureuse ou malheureuse : il était recommandé, d'une façon toute particulière, au fameux banquier Michel Dubois, par le célèbre financier Salamanca, qui était à la fois l'Ouvrard, l'Aguado et le Rothschild de Madrid. Or, Michel Dubois faisait, à peu près, la pluie et le beau temps dans le salon, et jusque dans le boudoir d'Arsène d'Azur, cette belle *fille d'affaires,* — comme aurait dit Voltaire, — qui s'était laissée tomber d'un sixième étage dans une voiture sans se faire de mal.

Le banquier Michel Dubois avait la bonté de donner chaque jour à Arsène d'Azur la preuve d'un singulier dévouement : il lui amenait, le plus galamment du monde, des visiteurs d'élite, des étrangers surtout, qui étaient ses recommandés ou ses correspondants ; il lui ménageait ainsi, sans le vouloir peut-être, une espèce de clientèle amoureuse dont la réputation, la noblesse, la fortune, prêtaient un nouvel éclat à la charmante Impure. Du reste, Michel Dubois a toujours eu la manie et presque la rage de ce que l'on appelle, dans le commerce, les affaires en participation.

Le banquier n'eut rien de plus pressé que de présenter à Arsène d'Azur son nouvel ami le comte Manuel de Capa y Espada ; cette présentation eut lieu dans une fête, dans un bal où l'Aspasie du 13e arrondissement avait réuni, avec une bien orgueilleuse assurance, les plus brillants anneaux de la ceinture dorée de Paris.

Arsène présidait cette petite cour d'amour, dans tout l'éblouissant appareil de sa coquetterie et de sa beauté. Les juges de ce tribunal si engageant et si redoutable, où il s'agissait de condamner un innocent, de confisquer un homme au profit de la galanterie, ressemblaient à de séduisantes créatures, à des femmes qui n'étaient faites que de douceur et de tendresse, mais dont on pouvait dire avec un poëte de la fable :

La plus douce a toujours des griffes à la patte !

Toutes ces femmes se pressaient et s'empressaient autour de Manuel, en ayant l'air de vouloir l'embrasser pour l'étouffer; c'était à qui, de ces charmans bourreaux, inventerait, pour tuer la dédaigneuse indifférence d'un homme, les perfidies les plus galantes, les cruautés les plus tendres, les caresses les plus meurtrières. Elles improvisaient contre lui un nouveau supplice de la question, une torture charmante qui plaçait le patient sur un chevalet de fleurs, qui procédait avec des complimens, avec des œillades, avec des soupirs, des demi-mots, des aveux, des espérances, des promesses et des

chansons; et à chaque épreuve de cet adorable supplice, les tortionnaires, déguisés en courtisannes, semblaient dire à leur bienheureuse victime : Avoue-moi que tu m'aimes!

Arsène jugea peut-être que la danse nuisait trop souvent, par la confusion, à l'intimité et au succès de cette espèce de tentation galante : le bal fut interrompu ; la galanterie appela à son aide les petits mystères des *jeux innocents :* on fit cercle autour de la maîtresse du logis ; la coquetterie se mit à jouer, le moins innocemment qu'il lui fut possible... mais l'innocence de ce terrible Manuel défia les surprises les plus délicieuses, les bonnes fortunes les plus engageantes, que lui envoyait le jeu de l'amour et du hasard.

Il y eut un moment de danger pour ce bel indifférent de gentilhomme espagnol : il s'agissait pour lui de retirer son dernier gage, en faisant sonner *douze heures,* du bout de ses lèvres, sur la plus belle horloge du monde, sur une véritable horloge vivante. Les *heures* avaient emprunté, pour se personnifier et pour vivre, les plus séduisantes figures du 13ᵉ arrondissement : don Manuel les embrassa toutes, bon gré, mal gré, et, pour des aiguilles qui étaient les lèvres d'un jeune homme, c'était là une ravissante façon de faire le tour du cadran.

La galanterie parisienne ne soupçonnait guère, ce soir-là, en distribuant les gages de ses jeux innocents, qu'elle empruntait la douce pénitence des *heures* à la galante imagination du siècle de Louis XIV. Les *heures* que le monarque amoureux daignait embrasser, aux fêtes de Versailles du mois de mai 1664, avaient dérobé leurs gracieuses apparences à de poëtiques personnages de l'Arioste; Mlle de Lavallière, l'héroïne encore cachée et déjà si visible de ces belles fêtes royales, représentait l'heure de midi : le roi lui devait et lui donna douze baisers.

Au dernier baiser de minuit, qui venait de sonner sur la joue d'Arsène, le comte de Capa y Espada, honteux, confus, désolé, presque ridicule à force d'embarras et de tristesse, se dégagea de ce cercle éblouissant, de ce cadran de feu qui resplendissait autour de lui sans pouvoir le réchauffer : l'horloge vivante avait sonné toutes les heures, excepté l'heure du berger.

Le banquier Michel Dubois oublia peut-être un peu de dépit et de jalousie, pour féliciter don Manuel :

— Monsieur le comte, lui dit-il à voix basse, je

vous plains et je vous envie..... Les sept péchés capitaux en douze personnes ! Il est impossible que votre tristesse en réchappe... Remerciez-moi de votre bonheur !

— Hélas ! répondit Manuel, s'il me plaisait d'accepter un pareil bonheur, je sortirais de ce salon avec bien du chagrin !... Ah ! mon ami, vous me promettiez un monde où j'allais trouver un remède contre l'ennui, contre le regret, contre la douleur !..... La fin de mes maux, qui doit être la résurrection de mon cœur, n'est point ici, au fond de toutes ces fleurs artificielles. Vous le dirai-je, ami ? la vie s'agite autour de moi, dans cette maison, avec le plaisir, avec l'esprit, avec l'amour... Eh bien ! toutes ces femmes si jolies, toutes ces créatures si vivantes, qui ont eu la bonté de me sourire, me faisaient avoir froid en me touchant, en me regardant ; elles sont belles, brillantes, admirables..... mais jugez de l'état mystérieux de mon cœur et de mon esprit : je n'ai voulu, je n'ai pu voir en elles que des ombres, des fantômes, qui ont dérobé quelques heures à la mort pour jouer encore avec la vie !

Michel Dubois commença véritablement à se défier de la raison de son nouvel ami.

— Monsieur le comte, lui demanda-t-il avec une secrète inquiétude, pour voir ainsi la mort dans ce qui n'est que la vie, et la vie la plus charmante, qu'est-ce donc que vous avez au fond du cœur?

— Un tombeau! lui répondit Manuel.

Il était une heure après minuit. Un domestique en grande livrée, que le banquier Dubois avait prêté à l'orgueil d'Arsène, poussa les deux battants de la porte: Une jeune femme, que l'on avait attendue toute la soirée, entra dans le salon au moment où don Manuel se disposait à en sortir. Ce nouveau péché capital était une petite actrice à la mode que vous connaissez: elle se nommait Eugénie Rosier.

Eugénie Rosier ne connaissait point le comte de Capa y Espada; elle ne l'avait jamais vu... mais elle comprit, elle devina, par une espèce d'inspiration de théâtre, que don Manuel était là, devant elle, sur le seuil de la porte, et la comédienne songea tout naturellement à l'empêcher de sortir.

— Monsieur le comte, lui dit-elle en le saluant de la meilleure grâce, le spectacle a fini si tard, si tard, que j'ai failli venir danser avec le costume de mon rôle... le rôle de *chercheuse d'esprit*. A une pareille heure, il m'a fallu plus de courage pour accourir près de vous qu'il ne vous faudra de patience pour rester près de moi.

Eugénie Rosier salua de nouveau don Manuel, et disparut dans les groupes du salon.

En ce moment, il se passa une scène assez étrange dans l'antichambre d'Arsène d'Azur : le comte de Capa y Espada s'assit en tremblant sur une banquette, sans prendre garde à un valet d'emprunt, à un Gros-Réné

qui batifolait avec la Marinette de l'endroit; il poussa un cri à demi étouffé par l'émotion, par la surprise, par la douleur peut-être; il murmura, les yeux fixés sur son ami Michel Dubois qui avait eu la bonté de le suivre :

— Mon Dieu ! ayez pitié de moi !... Oui, c'est bien

elle !... Quel bonheur et quel malheur !... Je souffre... j'ai la fièvre... j'étouffe !...

— Mon cher Manuel, lui demanda le banquier, perdez-vous la tête ?

— Non, pas encore ; mais je sens que je la perdrai tout à l'heure.

— Pourquoi ?

— Parce que je viens de voir cette femme.

— Vous la connaissez ?

— Beaucoup.... c'est la comtesse Lazarine... ma belle Lazarine !

— Vous êtes fou ! c'est la petite comédienne Eugénie Rosier.

— La vie et la mort !...

— Mais quelle est donc cette merveilleuse Lazarine que vous aimez à retrouver sous les apparences d'une actrice parisienne ?

— J'ai vu cette femme... cette comtesse... cette actrice... comme il vous plaira... il y a cinq ans, pour la première fois. Je l'ai reconnue tout de suite, à ses façons élégantes, à son langage rempli de noblesse, à son grand air aristocratique... et j'ai failli lui arracher ses gants, pour baiser les mains les plus blanches, les plus fines, les plus princières du monde !

— S'il en est ainsi, lui dit naïvement Michel Dubois, pourquoi la quittez-vous précisément quand elle arrive ?

— Je ne la quitte pas... je vais la suivre et la regarder toute la nuit !

Le souvenir de cette mystérieuse Lazarine avait pris tout-à-coup, aux yeux éblouis de Manuel, la forme, les apparences, la figure, la réalité charmante d'Eugénie Rosier. L'apparition bien naturelle, la présence bien simple de l'actrice, dans le salon équivoque d'Arsène d'Azur, inspira pendant tout le bal à ce pauvre insensé des idées étranges, des enfantillages incroyables, d'innocentes folies, qui étaient peut-être les dernières illusions, le dernier bonheur d'un amour malheureux. Il lui semblait sérieusement que la jolie comédienne était Lazarine en deux personnes : l'une, qu'il avait aimée autrefois ; l'autre qu'il adorait déjà. De près ou de loin, à l'affût des regards, des gestes, des paroles d'Eugénie, Manuel cherchait à surprendre, dans ses yeux, dans ses moindres mouvements, dans le son de sa voix, quelque chose de mystérieux, un secret souvenir qui signifiât pour lui seul : C'est elle ! c'est Lazarine !... Enfin, le comte de Capa y Espada se persuada que *l'image* avait daigné lui sourire tristement, avec une tendre pitié, et Manuel s'écria, au fond du cœur : Mon Dieu! dites à Eugénie de disparaître au plus tôt, et à Lazarine de revenir au plus vite !

Manuel, ce triste rêveur, se promena bien longtemps dans le salon d'Arsène, en soupirant, en souffrant, en ayant l'air d'attendre quelqu'un ou de chercher quelque chose : Eugénie semblait fuir ou disparaître, à son approche, par une espèce de manège, de jeu, de caprice, qui était peut-être le mirage de la coquetterie.

A trois heures de la nuit, tandis que tout le monde dansait ou jouait, Manuel s'en alla rêver dans le joli boudoir d'arsène, un boudoir écarté, à demi-caché, doucement éclairé par une petite constellation qui brillait à la voûte d'un firmament de satin bleu; il y avait, dans cette poétique solitude, deux petites statues, deux aimables divinités de l'endroit : l'une était l'allégorie du silence, et l'autre l'allégorie du baiser ; le génie de Houdon avait passé par là.

Au bout de quelques minutes de rêverie, d'extase, entre le silence et le baiser, Manuel aperçut une jeune femme qui s'avançait lentement, sans prendre garde à rien ni à personne, les pieds sur la terre, les yeux et la pensée au ciel ; elle marcha vers lui, sans le regarder.... Elle l'effleura du bout de sa robe..... Et Manuel, entraîné par une inspiration, irrésistible, s'agenouilla aux pieds d'Eugénie, en murmurant le nom de Lazarine !

A ce nom qui n'était pas le sien, l'actrice cessa de voyager dans les nuages, pour redescendre sur la terre ; elle se prit à dire, d'une voix qu'elle fit trembler :

— Est-ce moi que vous appelez?..... mais, je ne suis pas Lazarine... Je me nomme Eugénie !...

— Ah ! Lazarine, ma belle Lazarine, s'écria Manuel, est-ce que je ne vous vois pas?... Est-ce que je ne vous reconnais pas tout entière?... Je vous ai aimée, Eugénie !... je vous ai adorée, Lazarine !... Laquelle de vous deux aura la bonté de me répondre, de me plaindre, de me consoler?

L'artiste commença à s'effrayer : elle crut que cet homme était fou ; elle lui dit en tressaillant :

— Qui êtes-vous ?...

— Vous le savez bien, Eugénie !... vous le savez bien, Lazarine !... Je suis le comte de Capa y Espada pour tous les autres; je ne suis Manuel que pour vous seule !

— D'où venez-vous?...

— J'arrive d'un monde où l'on souffre, où l'on gémit, où l'on se sent mourir, en se souvenant, en regrettant... le monde de l'amour malheureux !

— Vous vous souvenez... d'une femme?

— De Lazarine! Lazarine... toujours Lazarine, Lazarine et vous, madame !

Par bonheur pour la raison de Manuel, Michel Dubois entra dans le boudoir, au risque de troubler un tête-à-tête qu'il avait deviné.

— Mon cher financier, lui dit Eugénie, emmenez ce pauvre Manuel !... depuis une heure il me fait des contes à rêver tout éveillée... Il s'est agenouillé à mes pieds, et, en l'écoutant, je n'ai pas même songé à le relever... Je ne sais plus si je dors ou si je veille.... C'est un héros du *Romancero* qui vient de me parler !

Le comte de Capa y Espada se releva lentement, péniblement; il passa la main sur ses yeux, comme s'il eût essayé de lutter contre le sommeil ou contre la fascination; il prit à son doigt un anneau magnifique, et le présenta à l'actrice en lui disant d'une voix émue :

—Ah! madame, quel beau rêve vous m'avez donné!... et quelle misère je vous offre, en échange de tous les trésors que je vous dois!... Grâce à vous, je ne crois plus à la mort... Non, la mort est un mensonge, une horrible invention des hommes qui ne croient à rien!... On ne meurt pas, madame... on disparaît, on se transforme, on se métamorphose, on renaît toujours!... La mort finit par rendre à la vie, à des intervalles et à des distances immenses, tout ce qu'elle lui a dérobé de charmant! Non, non, il n'y a pas de mort pour ce qui est beau... Les créatures d'élite, que Dieu a faites lui-même, se cachent dans un linceuil pour se reposer... mais elles se relèvent tôt ou tard, elles s'agitent de nouveau, elles marchent, elles voient, elles parlent, elles vivent, elles aiment!... Dieu est grand!

Il y avait assurément, dans ce petit discours métaphysique du gentilhomme espagnol, tout ce qu'il fallait pour égayer une femme qui était à la fois une actrice, une coquette, une courtisane, une païenne, et pis que tout cela peut-être; mais il ne faut pas compter sans le caprice le plus étrange, le plus difficile, le plus impossible, quand il s'agit du cœur ou de l'esprit d'une comédienne de cette espèce, d'une pareille marchande du temple de l'amour : Eugénie Rosier ne songea pas à rire un seul instant, elle qui riait toujours des choses les plus tristes, et qui ne savait pleurer qu'à propos des choses les plus bouffonnes ; elle dit au comte de Capa y Espada, en lui tendant la main avec une sorte d'embarras :

— Il me semble que je vais changer d'emploi, monsieur le comte... vous me faites jouer le drame !... Adieu, Manuel... vous reverrai-je ?

— Je vous reverrai tous les soirs, lui répondit Manuel... Adieu, Lazarine !.. adieu, Eugénie !...

Eugénie Rosier quitta le bal. — Elle demeurait à cette époque dans la rue Laffite — Presque aussitôt, Michel Dubois emmena son ami, en le félicitant d'avoir enfin trouvé un remède contre le regret, contre la douleur.

La nuit était superbe : il y avait déjà du printemps dans l'air. Le banquier renvoya sa voiture, le comte de Capa en fit autant, et tous deux s'en allèrent, bras dessus, bras dessous, dans la direction du boulevard Montmartre, par la rue Saint-Lazarre et la place Notre-Dame-de-Lorette.

En passant dans la rue Laffite, presque à l'angle de

la place Notre-Dame-de-Lorette, Dubois s'arrêta sur le trottoir de gauche pour montrer à Manuel, de l'autre côté de la chaussée, le premier étage d'une belle maison neuve.

— Quel est ce mystérieux appartement ? demanda le comte.

— Mystérieux, c'est vrai, répondit le banquier, mystérieux comme les *Mille et une Nuits*... C'est l'appartement d'Eugénie Rosier.

Une chambre de ce premier étage, la chambre à coucher d'Eugénie peut-être, s'éclaira tout-à-coup, et Manuel, à son tour, s'arrêta sur le trottoir pour montrer à Michel Dubois la silhouette d'une femme, qui se dessinait derrière les tentures de la fenêtre.

— C'est elle, dit le banquier, c'est bien Eugénie !

— Oui, murmura Manuel, c'est bien Lazarine !

La silhouette s'agita fort longtemps aux yeux attentifs de Dubois, aux yeux éblouis du comte de Capa. L'actrice ne se doutait guère qu'elle donnait à ces deux spectateurs de la rue, au travers d'une toile transparente, à trois heures après minuit, un spectacle charmant, la représentation muette d'une petite comédie galante à un seul personnage, que l'on aurait pu intituler : *Le Petit-Coucher d'une jolie Femme.*

Eugénie commença tout naturellement par se trouver très-jolie, devant une glace de Venise qui avait toujours de l'admiration à son service ; ensuite elle ôta ses gants, qui avaient le tort de cacher des mains fines et tout à fait nobles ; elle déposa dans un baguier je ne sais combien de riches anneaux, de bagues précieuses, et Manuel crut voir ou deviner qu'elle daignait garder à son doigt un seul joyau, un seul diamant, qui appartenait, la veille encore, au comte de Capa y Espada.

Eugénie remplaça les fleurs qui ornaient ses cheveux par une adorable couronne de dentelles, et cette jolie coiffure n'était pas assez forte pour empêcher les flots d'une chevelure longue, épaisse, soyeuse, magnifique, de retomber sur les épaules de l'actrice. Enfin, Eugénie se déshabilla, tout doucement, tout lentement, épingle à épingle, comme si elle eût trouvé un grand plaisir à se déshabiller... de surprise en surprise.

— Mon Dieu ! s'écria Manuel, les yeux fixés sur cette gracieuse image ; je m'agite dans la vie... mais c'est la mort qui me mène ! La mort a commencé par me dégoûter de la vie, en adressant à mon cœur les souvenirs les plus tristes, les regrets les plus affreux ; aujourd'hui, la mort laisse venir vers moi des apparences bien aimées qui sont des reproches, des images adorées qui sont des menaces, des ombres terribles qui m'accusent de vouloir vivre encore... Tenez, j'en suis sûr, cette apparence humaine, cette image animée, cette ombre vivante que nous regardons, que nous admirons derrière cette tenture de soie... ce n'est point là une femme... c'est un fantôme !

Le banquier Dubois, tout bardé d'or et d'argent qu'il était, se laissa prendre d'un peu de pitié pour cette douce et poétique folie qui était la raison d'un grand amour ; il dit à Manuel :

— Sans doute, vous venez de voir le fantôme de Lazarine?... Ne vous semble-t-il pas que cette malheureuse Eugénie peut être bonne à quelque chose, quoique, entre nous, elle ne soit rien de bon?... Elle n'a ni cœur, ni esprit... mais il me paraît qu'elle a le talent de vous faire faire de beaux rêves?... Eh bien ! rêvez encore... rêvez toujours par la grâce de cette jolie comédienne... Ma foi ! ce doit être une admirable ivresse, que de bien rêver sans être forcé de dormir !

— Vous avez peut-être raison, répondit Manuel,

en essuyant honteusement une larme qui n'osait pas couler devant un homme; vous avez peut-être raison... ma nuit tout entière n'a été qu'un rêve, un beau rêve que je dois à la mort, dans cette vie qui n'est qu'un vilain songe!...

— Mon cher Manuel, reprit en souriant le banquier Dubois, je n'ai plus qu'un mot à vous dire au sujet de cette comédienne: Eugénie Rosier est une véritable fournaise où la galanterie fait bouillonner l'or et l'argent, pour fondre une petite statue de la *Richesse mal acquise*. Aimez cette femme tout à votre aise... mais ne vous ruinez pas pour elle, si cela vous est possible. Tenez, je me souviens d'une nouvelle variété de fleur qu'un de mes amis appelle l'*actrice*, et qu'il a caractérisée de la manière suivante, en se souvenant d'Eugénie Rosier:

« L'ACTRICE. — Bouton d'or, avec calice d'argent.
« Comme la sensitive, elle subit certaines influences
« dont elle exprime, dont elle trahit le secret senti-
« ment. Si vous approchez de l'*actrice* vos deux mains
« toutes vides, comme pour l'applaudir ou la cares-
« ser, — aucun mouvement, aucune impression vi-
« sible, pas de sensibilité... rien ; mais si vous appli-
« quez sur sa tige, sur ses feuilles, un brin de métal,
« de l'or surtout, la fleur se balance aussitôt, fière,
« contente, heureuse : elle s'épanouit à plaisir, elle
« ondule de mille façons coquettes, elle vous adresse
« les plus gracieuses révérences du monde, elle semble
« vous offrir tout ce qu'elle a de meilleur ! »

Pendant tout le mois qui suivit la rencontre du comte de Capa et d'Eugénie Rosier, dans le salon d'Arsène d'Azur, Manuel dédaigna de visiter la petite actrice de la rue Laffite ; en revanche, il la voyait publiquement, tous les soirs, à travers la rampe d'un théâtre.

Immobile et silencieux dans une loge, le comte de Capa y Espada semblait prendre garde bien moins à la comédienne qu'à la comédie ; aucune voix amoureuse ne lui disait sans doute : « Aveugle, ouvre tes yeux à la lumière! indifférent, ouvre ton cœur à l'amour! cruel, ouvre tes bras au plaisir! »

Lorsque la loge de Manuel était vide pendant une partie du spectacle, Eugénie s'imaginait que personne n'était entré dans la salle, pour l'applaudir et lui sourire ; elle le croyait seule, au milieu de ses admirateurs ; elle jouait son rôle, sans le vouloir, au hasard, comme une écolière qui a oublié les gracieuses leçons de son maître. Mais, Dieu merci! dès qu'elle devine Manuel, au fond de sa loge habituelle, la fée reprend sa baguette; la reine du théâtre retrouve tout à coup son sceptre et sa couronne de fleurs : elle commande, elle domine, elle règne, par le droit de la coquetterie et de la beauté ; elle ne parle plus aux personnages de la pièce : elle ne parle qu'à lui seul!... Elle ne pense ni à l'amant qu'elle aime sur le théâtre, ni aux amoureux qui l'adorent parmi les spectateurs : sa pensée tout entière est dans un coin lumineux de la salle.... Elle voltige autour de Manuel, elle l'effleure, elle le caresse.... Elle lui jette en secret les œillades les plus vives, les paroles les plus douces, les inspirations les plus tendres.... Mais, hélas! Manuel ne voit rien ou ne veut rien voir de cette belle passion qui ne s'inspire que pour lui seul !...

Il faut rendre justice à la cruelle galanterie du comte de Capa y Espada : d'ordinaire, à la fin de la représentation, il tirait du fond de son chapeau un bouquet de violettes, qu'il lançait modestement à l'actrice à la mode ; dans la pluie de fleurs qui tombait à ses pieds, Eugénie devinait bien vite la goutte d'eau de Manuel, et les violettes n'allaient pas mourir dans une jardinière : elles mouraient, à demi cachées, à demi pressées, entre la chair et le satin, comme il convenait à des violettes de Parme.

Un jour, il se répandit une étrange nouvelle : Eugénie Rosier avait refusé de renouveler son engagement, à des conditions splendides ; Eugénie avait écouté les belles promesses d'un père-noble recruteur ; Eugénie avait résolu d'aller faire sa petite roue dramatique devant une réunion d'Anglais, d'Autrichiens ou de Cosaques. — Eugénie disparut de l'affiche parisienne.

Le véritable motif de cette résolution de l'actrice n'était pas un mystère pour tout le monde ; la femme de chambre d'Eugénie, une ancienne duègne de province, savait à quoi s'en tenir sur la folie de sa jeune maîtresse ; elle lui disait, le matin et le soir :

— Madame, êtes-vous toujours folle?

— Oui, répondait Eugénie.

— Mais, madame, votre projet est impossible! on ne renonce pas ainsi au théâtre, au plaisir, à la fortune, pour un petit brun qui n'a daigné vous adresser ni un billet de banque, ni un billet d'amour; il ne songe pas à vous, madame... il ne vous aimera jamais!

— C'est vrai... mais, je l'aime!..... pour lui, vois-tu, je mangerais du pain!..

— Là là, là.... ne me faites pas mourir de faim!... Ce jeune homme a de grands yeux et de beaux cheveux noirs... c'est un ange, si vous le voulez!... mais, à

Paris, madame, une jolie créature comme vous n'a qu'à frapper, de son petit pied, les roses de son boudoir, pour en faire sortir des anges de toutes les couleurs !...

— Ah ! murmurait Eugénie, je devine qu'il a quelque vieille passion dans le cœur... et le malheureux croit se chauffer encore en soufflant sur de la cendre !... N'importe.... l'amour est grand : il n'y a peut-être, entre Manuel et moi, que la distance de ce baiser que je lui envoie...

— Qu'il vous le rende, madame !

L'actrice avait eu raison de se retirer du théâtre pour mieux jouer son rôle avec Manuel. Ne la voyant plus sur la scène, le comte de Capa y Espada consentit à frapper à la porte d'Eugénie Rosier : le visiteur n'eut besoin que de pousser tout doucement cette bienheureuse porte, que l'actrice avait entr'ouverte en l'attendant, chaque jour et chaque nuit...

...... On ne tarda pas à dire, dans le quartier St-Georges, que le maire du 13ᵉ arrondissement avait béni le mariage d'Eugénie Rosier avec le comte de Capa y Espada... La vérité de l'histoire m'oblige à vous dire qu'il manquait peut-être *un mari* à ce singulier mariage. Manuel n'était pas encore l'*amant* de sa femme... et, dans le 13ᵉ arrondissement, il n'y a que les amants qui soient véritablement des maris.

Certes, Eugénie Rosier n'était point faite à la mystérieuse coutume des amours impossibles ; elle avait accepté de Manuel des galanteries quotidiennes, des meubles somptueux, des présents magnifiques.... Mais, vraiment, est-ce que cette pauvre Eugénie n'avait pas le droit d'attendre, d'espérer, de recevoir quelque peu de tendresse par-dessus le marché ?....

Presque toujours, les femmes du 13ᵉ arrondissement ont horreur des amoureux qui les paient : l'or qu'elles acceptent gâte, à leurs yeux, la beauté, l'esprit, la noblesse de l'homme qui les a achetées. Eh bien ! Eugénie Rosier, qui aurait détesté Manuel pour son argent, si elle s'était vendue, avait de l'amour pour un homme qui semblait lui laisser, en l'achetant, le rare privilège de se donner.

S'il n'était pas amoureux d'Eugénie Rosier, je ne sais pas trop quel charme secret pouvait enchaîner le comte de Capa y Espada à cette petite comédienne... jusqu'à la robe exclusivement. Eugénie était quelquefois spirituelle à force de hardiesse ; mais il dédaignait de l'entendre, et souvent, quand elle s'obstinait à babiller avec un certain esprit, Manuel lui ordonnait de se taire. Eugénie était assurément une jolie femme, après le coucher du soleil surtout ; mais elle avait beau montrer, à plaisir, tout ce qu'elle avait de charmant... Manuel ne savait l'admirer qu'avec une tristesse infinie ; parfois il l'admirait en pleurant.

Un soir, Eugénie dit à Manuel, en regardant couler des larmes dont elle n'avait pas le secret :

— Voilà quinze jours que vous me regardez ainsi... m'aimerez-vous bientôt ?

— Non... lui répondit Manuel.

— Pourquoi donc êtes-vous dans cette chambre, au pied de mon lit ?... pourquoi m'avoir donné ces

meubles, ces chiffons, ces bijoux, tout cet argent ? S'il ne vous plaît que de me regarder, je me laisserai voir gratis.... reprenez ce que vous m'avez donné!...

Eugénie était de bonne foi, par extraordinaire : elle voulait rendre tout ce qu'elle n'avait point gagné ; elle ne rendit rien, parce que Manuel ne voulut rien reprendre. Pour la première fois de sa vie galante, la comédienne se mit à pleurer, en maudissant l'indifférence d'un homme; elle pleurait en conscience... quoiqu'elle eût appris, dans le 13ᵉ arrondissement, à pleurer sans penser une goutte de ses larmes.

Eugénie Rosier prit le parti de fuir : elle se réfugia dans quelque thébaïde du 13ᵉ arrondissement. Manuel la chercha longtemps, et, comme elle ne demandait peut-être pas mieux que de se laisser trouver, il la trouva au cinquième étage d'une maison de la rue Neuve-St-Georges.

En le voyant entrer, Eugénie se jeta dans les bras de Manuel...

— M'aimez-vous ? s'écria-t-elle.

— Non.... lui répondit encore le comte de Capa y Espada.

— Vous ne m'aimez pas et vous me cherchez ?... Vous plaît-il de rendre amoureuse une femme qui a toujours désespéré de l'amour ?... eh bien ! je vous aime! Vous plaît-il de me désoler?... eh bien! je souffre, je pleure, je me désole! Vous plaît-il de venger les pauvres diables que j'ai condamnés ou trahis?... eh bien! c'est fait!...

— Je vous répondrai ce soir, lui dit Manuel, dans votre boudoir... c'est un rendez-vous que je te donne.

Eugénie, qui pleurait encore, se prit à sourire; elle se sentait bien fière et bien heureuse!... Combien elle méprisait en ce moment ses amours, ses caprices et ses plaisirs d'autrefois!... Il n'y a que le premier rendez-vous d'une jeune fille amoureuse qui puisse donner autant de crainte, d'émotion et de bonheur!...

Le soir, à l'heure convenue, le comte de Capa y Espada prit place dans le boudoir d'Eugénie, sur un sopha... d'une discrétion qui aurait fait rougir le fameux sopha de Crébillon le fils. Par malheur, les gens et les sophas les plus discrets ont une vertu que l'indifférence rend quelquefois inutile : on ne leur confie rien.

— Sais-tu bien à quoi je pensais tout à l'heure, Manuel? disait Eugénie, en se rapprochant du comte de Capa y Espada ; je vais te le dire : quand tu le voudras, nous aurons une petite église dans notre maison; toi et moi, nous serons les deux seuls fidèles de cette délicieuse paroisse. Tous les jours seront des dimanches pour notre piété; nous inventerons une fête pour chaque heure de la journée. Le maître-autel sera magnifique : partout de l'or, des fleurs et de l'amour!... Devant nous, Marie-Madeleine, celle qui a tant aimé; à ses côtés, des pécheurs et des pécheresses empruntés à un calendrier d'amour que j'imaginerai pour notre usage particulier. Les chantres du chœur seront des oiseaux qui chanteront dans une volière; l'encens aura une douceur ineffable! Manuel, tu seras le grand-prêtre de ce temple, tu prieras pour moi, tu diras, les yeux tournés vers le ciel.... de mon lit : « Mon Dieu! ayez pitié d'Eugénie; c'est ma faute, c'est ma très-grande faute... je l'ai rendu folle !

Si, deux mois plus tôt, Eugénie avait entendu une de ses compagnes de fortune parler d'amour avec cette ridicule impiété, avec cette sottise mystique, elle lui aurait offert tout de suite un petit mot de recommandation pour son ami le docteur Blanche. Eugénie Rosier se souvenait, dans son boudoir, de l'église, de l'autel, de Marie-Madeleine, de la religion, de Dieu, pour montrer de l'amour à un homme!...

Manuel avait pris dans ses mains la main d'Eugénie, pour la porter à ses lèvres.... mais il repoussa cette jolie main qu'il avait le droit de prendre et de garder. Froid, calme, sévère, impitoyable, le comte de Capo y Espada répondit à l'actrice :

— Madame, je vais vous parler d'une femme qui est morte deux fois!...

« — Cette femme, reprit Manuel, se nommait Lazarine; voici pourquoi : à l'âge de trois ans, elle eut le malheur ou le bonheur de mourir une fois; en d'autres termes, on la crut morte: le médecin, un savant, signa le procès-verbal mortuaire, et tout fut dit. Alors, on entraîna une mère éplorée, bien loin de sa fille que l'on allait ensevelir dans une robe de lin; on ceignit la jolie tête de Marie d'une couronne de marguerites et de roses blanches; ensuite, on la déposa, on l'étendit dans sa petite bière que l'on avait inondée de fleurs et de verdure; des cierges odorants furent allumés autour du cercueil que l'on n'osa point refermer encore, de peur de briser, avec le bruit du marteau, le cœur d'une pauvre mère : on attendit au lendemain.

« Au milieu de la nuit, une femme était agenouillée devant l'image de la Sainte-Vierge ; une mère veillait en priant, en pleurant : Elle se leva tout à coup, en silence, et se mit à marcher sur la pointe des pieds... Elle voulait revoir une fois, une dernière fois, sa fille qui était morte ; elle ouvrit la chambre mortuaire, elle s'avança tout doucement vers le cercueil... et soudain, elle poussa un cri à demi étouffé par la stupeur et la joie : les cierges brûlaient encore, et à la lueur des flammes transparentes, la pauvre mère crut voir... non, elle vit bien, tout près d'elle, son enfant assise dans la bière, les yeux ouverts, la bouche souriante, et qui jouait avec les plis de son linceul, avec des branches de verdure, avec les fleurs de sa couronne !..

« La bienheureuse mère se persuada que Dieu avait fait un miracle, par pitié pour sa douleur : elle se souvint de Lazare ressuscité par le Christ, et Marie reçut le nom de Lazarine.

« A vingt ans, la beauté de Lazarine était merveilleuse, madame ; sa mère disait qu'elle avait sans doute visité le ciel : elle en avait rapporté quelque chose de vraiment céleste. Eh bien ! madame, j'ai perdu cette belle Lazarine, que Dieu n'avait jetée dans mes bras que pour pouvoir la tuer sur mon cœur ! Je l'ai perdue... je l'ai perdue pour toujours... Elle est bien morte... Dieu n'a pas voulu faire un miracle !... Je me trompe, madame : Dieu m'a presque rendu Lazarine !... lorsque j'oublie la mort et que je vous regarde, je suis amoureux de vous, madame... je vous aime... parce qu'il me semble que Lazarine ressuscite !... Vous lui ressemblez si bien, si bien, que j'ai déjà failli vous enlever, bon gré, mal gré, jusque dans mon pays, jusqu'au fond de l'Espagne, afin de pouvoir dire à deux pauvres familles désolées : « Voici ma femme ! voici Lazarine ! elle s'était enfuie... par dessous la terre ! »

Il y eut un moment de silence, dans le boudoir d'Eugénie Rosier ; la comédienne ne répondit à Manuel que du regard... ses yeux jouaient un rôle horrible : Ils étaient furieux contre une morte ! Enfin, Eugénie demanda au comte, d'une voix étouffée :

— Est-ce tout ?...

— Non ; comme je ne suis qu'un pauvre fou, il est bien naturel que j'imagine les plus tristes folies ! J'ai donc imaginé, en pensant tour à tour à la mort et à la vie, quelque chose de singulier, de ténébreux, d'effroyable, d'inoui... Vous ne le devineriez jamais... j'ai imaginé une résurrection, une transfiguration ! prenez cette lettre... vous la lirez en mon absence... Elle vous fera peut-être rire ou pleurer... adieu ! je reviendrai demain.

... Après avoir lu, en tremblant, la lettre mystérieuse de Manuel, Eugénie ne songea ni à pleurer ni à rire ; elle eut peur !... Mais tel était l'amour de cette folle, qui n'avait jamais aimé personne, qu'elle résolut de réaliser une folie incroyable, au risque de mourir dans une résurrection.

Le lendemain, à neuf heures du soir, le comte de Capa y Espada se présenta chez la comédienne ; il y fut reçu par une vieille femme de chambre qui se souvenait d'avoir joué le mélodrame. Cette duègne portait une robe de deuil ; elle faisait mine de pleurer ; elle dit à Manuel, en donnant de la terreur à sa voix :

— Elle est là !...

Manuel poussa la porte du salon qui avait pris ce soir-là les plus solennelles apparences d'une chambre mortuaire ; rien n'y manquait, ni les tentures noires, ni les larmes d'argent, ni la petite lampe sépulcrale...

et sur ce théâtre funéraire, c'était précisément une actrice qui avait accepté le rôle de la mort!

Eugénie, toute pâle, toute blanche à force d'émotion, était étendue dans son linceul, sur un petit lit de repos qu'elle avait fait placer au milieu du salon ; la vie de la comédienne avait arrangé la mort de Lazarine : Eugénie avait mis de la dentelle à son linceul !

Manuel s'agenouilla religieusement tout près de *la morte*, et il pria pour Lazarine. Quand il eut fini sa prière, Manuel recommença sa douleur : il se lamenta, il pleura, il demanda à mourir aussi ; il contempla cette femme qu'il avait tant aimée : il lui parut qu'elle était toujours jolie, belle, ravissante, absolument comme si elle avait encore une âme...

Manuel se pencha sur Eugénie, pour mieux parler à Lazarine ; il lui parla de son désespoir, en la suppliant de le plaindre, comme s'il eût pensé qu'elle devait finir par l'entendre. Il se souvint peut-être d'avoir plus d'une fois réveillé Lazarine, et il s'imagina qu'en ce moment encore elle dormait : il se prit donc à sourire, comme s'il eût pensé qu'elle devait finir par se réveiller.

La folie amoureuse de Manuel et l'imagination galante d'Eugénie s'entendaient à merveille. L'actrice comprit aisément que, dans ce drame d'une résurrection, il était moins difficile de représenter le personnage de la mort que de jouer le rôle de la vie. Elle prépara le dénouement de cette scène, en appelant à son aide les plus grâcieux artifices du théâtre; elle s'efforça de prêter les poétiques nuances d'une gradation admirable à cette existence nouvelle que cachait encore un linceuil : le premier tressaillement de la chair qui recouvre une âme, le premier souffle d'une bouche qui va parler, le premier regard d'un œil qui va voir, le premier soupir d'un cœur qui va battre, — tout cela fut admirablement joué, délicieusement créé par la comédienne, et je ne m'étonne point qu'en assistant à cette étrange création d'Eugénie, Manuel crût assister à la résurrection de Lazarine.

L'actrice voulut continuer son rôle, de plus belle : à demi dépouillée de son linceuil, les yeux tendrement baissés vers ce pauvre Manuel qui l'adorait en silence, elle s'avisa de raconter ce qu'elle avait souffert dans l'autre monde... et quand elle eût bien imaginé ce que l'âme d'une femme peut souffrir dans le purgatoire, elle dit à Manuel :

—Un jour, la mort prit pitié de moi : elle daigna me rendre à la vie! alors, je me glissai jusque sur la terre; je revins avec terreur dans la maison de mon mari... chez toi; comme l'âme en peine, de la ballade, j'avais peur de retrouver un inconsolable consolé!... mais, non, tout était à sa place d'autrefois... On ne m'avait point oubliée... mon portrait n'était pas voilé par l'ombre d'un nouvel amour!... Mais, où est-il? demandai-je... et quand j'appris où était Manuel, je me mis en route; un soir, à mon premier pas dans cette grande ville, on me dit que Manuel était dans le salon d'une femme : quoique la mort et la vie m'eussent rendue bien faible, je voulus paraître dans un bal... Et, Dieu merci! Manuel me reconnut tout de suite, et je devinai qu'il m'adorait toujours!...

Le comte de Capa ferma les yeux, sans doute afin de ne point voir Eugénie en prenant Lazarine dans ses bras...

— Manuel, continua la comédienne inspirée, ne m'abandonne pas, ne me laisse pas mourir!... si tu me quittes, si tu n'es plus là pour me prêter la force de vivre, je mourrai encore du soir au lendemain... Mon immortalité, c'est ta présence, c'est ton amour!...

Manuel, emporte-moi dans tes bras, bien loin de cette chambre mortuaire... J'ai peur que la mort ne me reprenne à la vie!... Manuel, puisque je suis vivante, garde-moi!

Manuel, qui voulait garder Lazarine, emporta Eugénie, en ayant l'air de la bien cacher dans son linceuil, comme s'il eut craint de la laisser voir ou deviner, aux yeux de la mort...

Une heure plus tard, lorsque le comte de Capa fût revenu de son émotion, de sa terreur, de sa folie, il disait à l'actrice, avec une tendresse charmante, que sa bien-aimée avait reçu trois noms, sans doute : Marie, Lazarine et Eugénie !...

Et il se trouva qu'à la fin de ce jeu de la vie et de la mort, un linceuil n'était qu'un peignoir.

Oh! comme mon pauvre ami Louis Lulli savait raconter cette histoire, après trois verres de vin de Champagne, dans les cabinets particuliers du café anglais!...

X

Le peintre ordinaire du 13ᵉ arrondissement.

Il y a quelques années, dans les beaux jours de la galanterie constitutionnelle, le 13ᵉ arrondissement avait son peintre ordinaire, comme il convenait à une puissante et luxueuse royauté. Ce peintre en miniature, nommé Julio, était à l'affût de toutes les nouvelles amours d'un certain monde, et il s'offrait aussitôt pour portraiturer les visages bien-aimés. Tous les amoureux qui commençaient à adorer, s'en allaient poser devant sa palette d'ivoire; il recevait, chaque jour, la visite de tous les Chérubins, de toutes les Rosines, de tous les Lindors et même de toutes les Suzannes du 13ᵉ arrondissement. Il flattait ses modèles avec une obligeance impitoyable; il leur prêtait des traits charmants, et il donnait ainsi à l'œil attendri des amants toutes sortes de belles illusions.

Les maris et les amants du 13ᵉ arrondissement

n'avaient rien de plus pressé, dans ce temps-là, que de demander à Julio un peu de complaisance et de flatterie en peinture. L'artiste avait défini cette volée d'amours, qui s'abattait dans son atelier : *une variété de la mendicité Parisienne.* Julio avait affaire, me disait-il un jour, au mendiant importun qui poursuit la jeunesse, la grâce, la beauté prodigue, partout où il les rencontre, et auquel les femmes répondent parfois, bon gré, malgré, à leur corps défendant : *que l'amour vous assiste.... j'ai mes pauvres !....* Au mendiant jeune et vraiment amoureux, qui tend une main tremblante, qui supplie, qui pleure, quand il aurait peut-être le droit de sourire et d'exiger ; au mendiant déjà rompu à tous les artifices de la charité galante et qui arrache une aumône ; au mendiant entre deux âges, qui sait attendre la bienfaisance, qui se hâte de mendier lentement ; au mendiant qui blanchît et qui se presse d'implorer l'âme charitable; au mendiant qui n'a plus de temps à perdre, plus de prières à dépenser, et qui se décide à donner en demandant; au mendiant en retraite, qui s'est ruiné à force de recevoir, et qui tente encore le jeu de l'amour et du hazard. Avec quel esprit jeune, quoiqu'il fût déjà vieux, Julio me parlait de toutes les classes de la mendicité Parisienne! Et à ce propos, il me disait avec une vérité affreuse: « Puisqu'il s'agit de la mendicité galante, j'ai observé que, dans le 13e arrondissement, plus d'une jolie femme, après avoir refusé l'aumône, est forcée de la demander; après avoir fermé sa main toute pleine, elle finit par la tendre toute vide. »

Julio faisait, presque toujours, des portraits fort ressemblants, — ressemblants dans un nuage de poësie; il travaillait beaucoup, et on le payait fort peu : il n'y a pas, d'ordinaire, d'ingratitude pareille à celle de la galanterie, quand les galants n'aiment plus. Cet excellent Julio, qui était pauvre et qui aurait dû être riche, s'avisait, quelquefois, d'un singulier moyen pour se faire payer : il empruntait à ses clients oublieux, sous prétexte d'une exposition dans son atelier, les jolis portraits qui ne leur avaient encore rien coûté; il se promettait de ne les rendre qu'à beau denier comptant. Le malheureux avait compté sans la semaine des amours, qui passe si vite dans le 13e arrondissement : la galanterie ne prenait, presque jamais, la peine de réclamer les miniatures qu'elle avait tant souhaitées dans un jour d'orgueil et de bonheur : ce n'était plus que vieux portraits et que vieilles passions!

C'est Julio qui a inventé, dans l'intérêt de certains scrupules, *le portrait discret*, c'est-à-dire un portrait qui ne reproduisait que les yeux du modèle; mais ces petites miniatures, d'une finesse et d'une légèreté ravissantes, avaient beaucoup trop le mérite de la ressemblance, pour ne pas commettre d'indiscrétions.

La révolution de février a laissé, dans l'atelier du peintre galant, de jolies ébauches, des miniatures qui n'avaient plus besoin que d'un peu de flatterie, d'un peu de couleur et d'un peu d'amour; la politique a laissé en gage, chez le spirituel artiste du 13ᵉ arrondissement, des portraits qui lui avaient été commandés par le budget de la galanterie.

Le peintre ordinaire des passions faciles et des plaisirs complaisants me disait, à ce sujet : on n'aime plus... on ne peut plus se faire aimer... les amants sont devenus aussi rares que les grands hommes... la France est perdue !

Je me souviens d'avoir rencontré, il y a longtemps, dans l'atelier de Julio, trois célébrités qui appartenaient de près ou de loin au 13ᵉ arrondissement : l'italien Carnavale, le polonais Frédéric Chopin, et la danseuse Lolla Montès.

Ce pauvre Carnaval, s'il vous plaît de jouer avec les mots, ne ressemblait qu'à un mercredi des cendres : il portait un costume étrange, bizarre, brillant, grotesque ; il s'enrubannait à plaisir ; il se bariolait de couleurs éclatantes ; il se déguisait volontiers le mardi gras, et il cachait de son mieux, sans le savoir peut-être, la sainte poussière que l'imagination et la douleur avaient jetée sur sa vieillesse. Ce Carnavale avait commencé par être un homme politique : il avait servi la cause de la liberté italienne ; il avait été chassé de Naples; il s'était réfugié à Paris, et il ne tarda pas à y perdre la raison. Du reste, Carnavale avait une folie fort heureuse : il était assez fou pour ne pas comprendre toute son infortune, et assez raisonnable pour aimer encore le travail, l'étude, la musique. Son singulier costume était, si je puis le dire, le baromètre de sa folie. Quand il se couvrait de rubans rouges, roses et bleus, les plus brillantes couleurs du monde, il faisait un temps admirable dans l'imagination de ce pauvre insensé : le plaisir et le soleil illuminaient son imagination, et sans doute il avait encore chaud au fond de son cœur. Quand il prenait un costume et des ornemens plus modestes, plus *tendres*, il croyait vivre dans une espèce d'automne, à la chute des feuilles : il ne pleurait pas tout à fait; mais on voyait, au bord de ses yeux, des larmes qu'un sourire mystérieux empêchait de couler. Quand il portait des vêtemens sombres, sans galons, sans plumes, sans rubans, il y avait des tempêtes dans son esprit : il entendait, dans son cœur, le bruit des orages de sa jeunesse, et il baissait la tête avec une résignation qui semblait lutter contre un secret désespoir. C'est Carnavale qui a dit, un jour, en voyant tomber une pluie fine, tiède, une pluie mélancolique : il pleut à chaudes larmes !

Quant à Chopin, si vous vivez dans le cœur et dans l'esprit du monde, dans la science et dans les arts, dans la richesse, dans les caprices, dans la poésie, vous ne demanderez pas ce que c'était que Chopin ; si vous avez une femme jeune, spirituelle, bien douée, vous n'avez pas besoin de moi pour connaître Chopin ; si vous avez une loge à l'Opéra, la bouche de quelque jolie femme attendrie a laissé tomber devant vous, sur la plus belle fleur de son bouquet, le nom de cet admirable Chopin !

Chopin personnifiait le génie de la musique sentimentale, chaste, poétique, divine : c'était l'ange de la mélodie ! Chopin avait *baptisé* son piano, suivant l'expression d'une de ses belles élèves : il lui avait donné une religion ; son piano était chrétien : il avait une âme, et cette âme était croyante, pleine de foi, de charité, d'espérance. Chopin aimait avec son piano :

Dieu sait combien d'amour et de piété le grand artiste inspiré donnait à un misérable instrument de musique ! Il est mort, au bruit mélancolique d'une de ses mélodies, chantée par deux sœurs de charité sentimentale.

Que vous dirai-je de Lolla Montès ?

M{^{lle}} Montès, ou plutôt lady Montès, est un de ces anneaux charmants dont le hasard daigne se servir pour renouer la tradition de la galanterie d'un autre siècle ; elle donne une suite spirituelle aux Comptes *des Mille et une Nuits :* elle rattache la robe un peu modeste, un peu montante, un peu bourgeoise des belles pécheresses de notre temps, à la robe étincelante et décolletée des belles Madeleines du temps passé ; M{^{lle}} Lolla Montès est une fleur artificielle qui sert de trait-d'union entre les faiblesses élégantes d'aujourd'hui et les jolis péchés d'autrefois.

Cette pauvre et riche Lolla Montès, que nous avons eu le plaisir de connaître autrefois, quand elle n'en était encore qu'aux littérateurs et aux artistes, s'est avisée de donner à son langage, lorsqu'elle s'exprime en français, un singulier artifice, une incorrection préméditée qui nous a paru toute pleine de charme et de coquetterie : d'ordinaire, elle fait accorder le *pronom possessif* avec l'objet qu'elle *possède*, d'une étrange façon, qui est encore une aimable rouerie de sa galante pensée; elle confond les *genres* avec une petite ignorance qui donne à ses lèvres une adorable apparence de naïveté; elle dit, par exemple : Je suis fatiguée, je vais me mettre dans *ma* lit. — Je suis malade, j'ai mal à *ma* cœur. — *Ma* brodequin me serre. — *Ma* cher monsieur, prenez *ma* bras. — *Ma* cheval est-il prêt? — Je suis lasse de *ma* bonheur. — Adieu, *ma* amour!

Eh bien! elle était vraiment séduisante, quand la coquette débitait ainsi son petit charabia.

XI

La tribune parlementaire du 13ᵉ arrondissement.

La politique empêche, d'ordinaire, les journalistes de l'Assemblée législative de prendre garde à l'intervention de la coquetterie, de la galanterie, dans le débat des questions les plus graves, des intérêts les plus honnêtes et les plus ennuyeux ; on dirait que la questure de la chambre a pris la peine de disposer de quelques billets de faveur, dans presque toutes les séances, au profit de cette galante intervention.

Une tribune, surtout, me semble avoir reçu le

privilége d'abriter les figures les plus provocantes, les regards les plus curieux, les toilettes les plus extrà-parlementaires, les sourires les plus révolutionnaires. Les célébrités d'un monde élégant et joli, du théâtre, de la mode et du caprice, se disputent les places de cette bienheureuse tribune que l'on pourrait appeler, avec un peu de diffamation, la tribune du 13e arrondissement. Il est bien rare de ne point reconnaître, aux places privilégiées dont nous parlons, une de ces ravissantes personnes qui vivent de plaisir jusqu'à ce qu'elles en meurent; nous avons salué de loin, bien des fois, avec le plus triste battement de notre cœur, en regardant les femmes *politiques* de cette tribune, d'aimables et terribles créatures dont la faiblesse a été si bien définie par l'impitoyable esprit de M. Léon Duval.

L'on ne saurait croire quelle influence mystérieuse exerce, bien souvent, cette tribune galante de la représentation nationale sur la tenue, l'attitude et la dignité apparente de quelques représentants du peuple. Quand le 13e arrondissement daigne assister, dans le plus agaçant appareil de sa coquetterie, aux séances de l'Assemblée législative, les orateurs se drapent à la tribune dans la fatuité la plus oratoire; les interrupteurs s'efforcent de donner de la mélodie à leurs bruyantes observations; les enfants parlementaires hasardent modestement le coup de lorgnon; le président croise les bras sur sa poitrine et se dresse sur le clou le plus saillant de ses souliers historiques; M. Odilon Barrot improvise un nouvel effet de cuisse; M. Pierre Leroux secoue sa crinière en cadence; M. Molé soupire en se souvenant; M. Dufaure rougit de son habit marron; M. Lacrosse regrette de n'être qu'un personnage de la fable; M. Baroche déplore la grandeur qui l'attache au rivage de la loi; M. Arnaud (de l'Ariége) oublie le créateur pour adorer la créature; M. Pean enlève une lettre à son nom pour se croire un demi-dieu ou un dieu tout entier; les représentants chauves essayent de se donner une perruque avec un cheveu; quelques-uns montent au bureau pour ne rien dire, mais pour se faire voir; M. le général Bedeau caracole dans l'hémicycle comme sur un champ de conquête; le ministre de la marine entrevoit, sous l'écume des flots, une nouvelle conque de Vénus; le ministre des affaires étrangères devient pour un instant étranger à toutes les affaires; M. Coquerel est tout amour, M. Bac tout sourire, M. de Falloux toute grâce, M. Bourzat tout silence; M. Lagrange lui-même fait la roue comme un paon qui se ragaillardit au soleil. Si les belles dames de la tribune en question continuent à s'en mêler, l'Assemblée législative finira par résoudre toutes les questions militantes dans un nouveau baiser Lamourette.

Plus d'une fois, la politique et la galanterie se rencontrent, à l'issue des séances, en se cherchant....

Mme Pleyel assistait, un jour, à la séance de l'Assemblée législative : l'honorable général Bedeau ne cessait pas un instant de regarder la célèbre pianiste, en battant la mesure sur son cœur avec un couteau de bois ; un de nos voisins nous disait à ce propos : En regardant cette jolie femme, le général se chante peut-être, en secret, un air sentimental de sa jeunesse ! Cela prouve qu'il a la mémoire et la musique du cœur.

Les femmes politiques, les Egéries d'État, ne viennent plus siéger officieusement, dans l'Assemblée législative, dans les tribunes réservées ; nous regrettons, au point de vue de la fantaisie et de la curiosité, les premiers mois de la révolution de février, où les robes de la philosophie, du feuilleton et du roman se mêlaient de près ou de loin aux discussions de l'Assemblée constituante ; Mme George Sand, entre autres, ne manquait pas une seule séance.

Dans ce singulier temps-là, Mme Récamier, en sortant un soir de la chambre, rencontra Mme George Sand ; la déesse du Directoire salua l'Egérie du gouvernement de février.

— Eh bien ! madame, s'écria l'auteur de *Lélia*, vous daignez vous intéresser encore à la politique des hommes ?

— Mais, vous-même, répondit l'ancienne rivale de Mme Tallien, il me paraît que vous vous intéressez beaucoup aux hommes de la politique?

— Quand on connaît votre spirituel dédain pour les choses d'ici-bas, reprit Mme Sand, on se demande quel désir secret vous amène aujourd'hui dans une Assemblée révolutionnaire...

— Un désir bien simple et bien naturel, madame : j'ai cherché une occasion de me rappeler le beau temps où j'étais jeune.

— Et avez-vous eu le bonheur de trouver ce charmant souvenir dans le spectacle de nos intérêts et de nos débats politiques?

— Précisément, madame; je me suis souvenue tout de suite de ce temps où j'étais belle, de ce temps où la *république tombait de la tragédie dans l'intrigue, du spiritualisme dans l'ambition, du fanatisme dans la cupidité.*

— Mais, répliqua Mme Sand, c'est M. de Lamartine qui a écrit cette phrase, en parlant des petits principes et des petites passions du Directoire.

— Oui, madame!

Cette rencontre politique de deux femmes célèbres

nous rappelle que M. de Girardin avait déniché une collection de lettres précieuses dans la robe de jeunesse de Mme Récamier. Ces lettres étaient écrites à une jolie femme par un homme de beaucoup d'esprit, par un homme assez spirituel pour avoir du cœur, par l'auteur d'*Adolphe*, par Benjamin Constant. Ces lettres d'amour nous promettaient un roman vrai, un poëme du bonheur ignoré ou du bonheur impossible; nous allions revoir *Adolphe* essuyant à ses genoux la poussière des allées du château de Coppett, et s'agenouillant aux pieds d'une amie de Mme de Staël; nous allions assister au débat des questions les plus sérieuses de ce monde — des questions d'amour, de sentiment, de passion — agitées entre deux belles âmes; après avoir longtemps respecté Mme Récamier, nous allions l'aimer un peu, avec Benjamin Constant!... Des héritiers, des légataires, des ayant-droit, n'ont pas voulu nous permettre d'adorer le fantôme d'une jolie femme. Les juges d'un tribunal ont décidé que les lettres de Benjamin Constant n'étaient pas un dernier et charmant hommage que les amours voulaient rendre à la grâce et à la beauté célèbres de Mme Récamier. Le 13e arrondissement a perdu là un bien joli procès!

XII

Une grande dame, égarée dans le treizième arrondissement.

Trente-et-un ans. — Blonde et fade.

A dix-huit ans, elle était exclue du monde : elle n'y rentra que par la porte du mariage.

Elle a commencé par séduire des valets de chambre, sous prétexte qu'elle a été élevée par un laquais.

Elle est capable du tout, même du bien; le jour où elle ruina son frère, elle parlait de se faire sœur de charité.

Elle a la passion de la publicité, et elle réussit vraiment à être un peu publique.

Elle a la tendresse des apparences, la molle douceur de la forme : c'est une statue grecque.

Elle a fait sa philosophie, dans les romans modernes.

Elle ne croit qu'à l'amour à la première vue.

Quand elle s'est mariée, son mari seul ne la connaissait pas.

Elle peint quelquefois six heures par jour ; elle affiche le génie de l'inspiration, et en a peut-être quelque chose. — Jouant à l'artiste, et arrivant quelquefois à l'art.

Libérale en paroles ; charitable, avec l'argent d'autrui.

Elle parle de l'amour, comme si elle n'était qu'un homme.

Elle aime surtout à médire des femmes.

Elle n'a de suite dans les idées que lorsqu'elle prépare le mal.

Elle a l'esprit de la haine ; elle n'en a pas le génie.

Elle n'a jamais entendu la messe ; mais elle est dévote quelquefois.

Elle ne connaît pas la honte ; elle est née dans l'impudeur.

Elle n'est point assez femme pour être coquette.

Dans ses voyages, elle ameute les citadins et les paysans autour de son cigare.

Elle échappe, dans ses mauvaises actions, à ce qui compromet légalement.

Depuis cinq ans, elle n'a pas manqué un seul bal de l'Opéra; c'est en parlant de cette grande dame, qu'un anglais a écrit, un soir, sur ses tablettes, au

sortir du bal masqué : « En France, toutes les femmes sont des débardeurs ! »

Un prince allemand disait, un soir, en la voyant admirablement parée : « C'est une glace panachée. »

Avec toute son intelligence, elle ne pourrait pas apprendre la vertu.

XIII

L'Amoureux de la vieille.

Il s'est passé un soir, bien près de moi, il y a longtemps !... dans un petit salon du 13e arrondissement, chez une femme spirituelle qui avait renoncé à l'amour, une scène qui me paraît jolie depuis qu'elle n'est plus, dans mon souvenir, qu'une histoire ancienne. La voici en peu de mots :

Comme la grand'mère, de Scribe, l'aimable femme dont je parle, s'avisa d'inspirer une folie de passion à un tout jeune homme qui trouvait, sans doute, que *Marceline était une femme.*

— 164 —

La Marceline de notre petite histoire avait honte d'un pareil amour, qui dédaignait de voir les rides et les cheveux blancs ; elle eut pitié de ce pauvre aveugle qui avait renoncé, sans y être obligé, à ses bons yeux de vingt ans ; au premier mot, au premier soupir, à la première plainte, au premier cri de ce bel amour, égaré dans le désert de la vieillesse, la grand'mère pria Chérubin de s'asseoir devant une table, de prendre une plume, et d'écrire cette réponse d'une *vieille femme à un enfant :*

> Elle était vieille, et sur son front la ride
> Avait écrit la mort d'une beauté ;
> Elle était vieille, et sa lèvre livide
> Gardait bien mal un éclat emprunté.
> Un pauvre enfant, amoureux en tutelle,
> Pleurait d'amour, et la vieille, tout bas,
> Dit à l'enfant qui sanglotait pour elle :
> Vous dormez donc pour rêver dans mes bras ?...
>
> Elle ajoutait, en détournant la tête :
> Bonne et sensible aux pleurs des malheureux.
> Que n'ai-je, hélas ! les biens que je regrette,
> Trésors d'amour que m'ont repris les cieux :
> Mon doux sourire et ma vive prunelle
> Qui promettaient et qui ne mentaient pas...
> Mon pied si leste et qui volait sans aile....
> Vous dormez donc pour rêver dans mes bras ?

> Jette à mon front tes vingt ans pour couronne,
> Sois pour la vieille un second fils aîné,
> Et ne crois pas que la vieille te donne
> Ce que ton cœur, en songe, t'a donné.
> J'ai désappris à lire l'art de plaire ;
> De l'art d'aimer je ne me souviens pas ;
> On n'est plus femme à mon âge : on est mère...
> Ne dormez point pour rêver dans mes bras !

L'amoureux de la vieille écrivit sans souffler mot ; ensuite il se leva tout doucement, s'approcha de la grand'mère, s'agenouilla devant elle, et lui dit d'une voix émue qui aimait encore :

— Vous avez oublié le plus triste couplet de votre chanson....

> Et de l'enfant une plainte amoureuse
> Laissa tomber un regret expirant,
> Et de la vieille une larme honteuse
> Glissa tremblante aux lèvres de l'enfant ;
> Et Dieu seul vit leur caresse première
> Dans un baiser qu'on échangea bien bas ;
> L'enfant pleura, puis tendit sa paupière,
> Et s'endormit pour rêver dans ses bras !

Croirait-on qu'une pareille scène s'est passée, dans ce vilain Paris, entre la folle passion d'un jeune homme et la raison spirituelle d'une femme ? Moins jeune, la comtesse Almaviva en aurait peut-être fait autant avec le page Chérubin.... — Mais aujourd'hui où est donc Chérubin, et où est donc la comtesse ? dans le *Mariage de Figaro*.

XIV

Une Guitare du 13ᵉ arrondissement.

Le théâtre, en général, et les artistes, en particulier, appartiennent, corps et âme, au treizième arrondissement de Paris : J'ai donc le droit d'encadrer dans un chapitre de ce livre une guitare qui a été chantée par l'orchestre des feuilletons, une guitare que la renommée d'une grande artiste a rendue précieuse, que la gloire a conservée à l'orgueil. Cette guitare pleurait et riait tristement, autrefois, entre les mains d'une petite chanteuse des rues, qui improvisait, çà et là, en courant, une scène, un répertoire et un public : Pauvre fille, qui invoquait le Dieu des bonnes gens, qui poëtisait la musique du peuple, qui s'efforçait de chanter, sans grimacer la misère, sans adresser une fausse note, en guise de plainte, au triste fantôme de la veille ou au triste fantôme du lendemain! Pauvre musicienne, qui répétait en pleurant des chansons joyeuses, sans laisser tomber une larme sur son auditoire!

Mlle Rachel n'a point voulu briser la guitare de ses mauvais jours, dans les concerts de la bonne fortune : elle a pris la peine de la placer, de la montrer, au milieu de toutes les merveilles de sa magnifique demeure; la modeste guitare est là, dans tout le charmant appareil de son ancienne pauvreté, ne demandant pas mieux, peut-être, que de rappeler à sa brillante maîtresse les chants qu'elle accompagnait autrefois. Mlle Rachel a été assez spirituelle et assez humblement orgueilleuse pour étaler cette pauvre et vieille guitare, aux yeux de ses amis et de ses ennemis : tant mieux!

Seulement, le tendre intérêt que nous inspire la poétique histoire de cette guitare, est gâté par une crainte singulière : nous avons peur que Mlle Rachel n'ait enlevé à ce précieux instrument les cordes qui lui donnaient une voix, les cordes qui prêtaient de la mélodie au courage de l'infortune et de la jeunesse.

Si la guitare de Mlle Rachel n'a plus de cordes, ce n'est là qu'une espèce de petite boîte en sapin, jaune, noire, assez malpropre, le souvenir matériel et bien triste, du malheur d'une jeune fille et de l'humilité d'un beau talent.

Si le temps et l'indifférence ont brisé les cordes de cette guitare, elle cesse de nous séduire, de nous intéresser, de nous émouvoir : en perdant la voix, elle a dû perdre le cœur, la mémoire, la vie; c'est le squelette d'une guitare, c'est l'instrument d'une ancienne musique, c'est l'orbite où brillaient, autrefois, les regards de l'espérance et du génie, c'est un misérable petit corps qui a laissé partir sa grande âme.

Si la guitare de Mlle Rachel n'a plus de cordes, à quoi bon la recommander à notre attention la plus douce? Que peut-on faire d'une pareille guitare, qui touche à toutes les magnificences de la richesse, sans pouvoir attendrir et féliciter la femme heureuse qui les possède? Une guitare muette, une guitare éteinte, une guitare déchirée, assassinée, qui ne peut plus chanter à sa maîtresse les beaux airs de ces temps heureux où l'on était malheureux! Une guitare qui ne peut plus conseiller à l'opulence et à la gloire le désintéressement et la modestie! Une guitare qui ne peut plus s'enorgueillir d'être effleurée par des mains que la fortune a blanchies en les dorant! Une guitare qui ne peut plus arracher une larme de pitié à l'inconstance de la mémoire! Une guitare à laquelle on ne peut plus demander un écho des tristesses du passé, pour donner encore un peu de musique et de tendresse aux vanités de la vie présente! Ce n'est point là une guitare : c'est un meuble.

Nous admirons assez naïvement Mlle Rachel, pour souhaiter de savoir si sa guitare a des cordes. Aux cœurs et aux guitares, il faut des fibres, même dans le 13e arrondissement.

XV

Le vin de Champagne, dans le 13ᵉ arrondissement.

Ce fut à la table du 13ᵉ arrondisssement, entre cinq ou six bouteilles de vin de Champagne, et autant de belles filles de France, que je rencontrai pour la première fois, il y a une douzaine d'années, un buveur de beaucoup d'esprit : il se nommait Eugène Briffault; je le rencontrai pour la dernière fois, dans la rue, au coin d'une borne où il s'était arrêté pour souffrir à son aise, peu de jours après la révolution de février.

Il était déjà bien faible, bien pâle, bien malade; il se mourait depuis longtemps. Il me prit le bras en souriant ; il m'entraîna jusque sous une porte cochère; il me dit à voix basse, avec un air de mystère : Que voulez-vous devenir dans le gouvernement de la République ? Ambassadeur, général, ministre, président de l'Assemblée ? Dépêchez-vous.... choisissez bien vite... Je suis chargé de trouver des hommes afin que la France ne danse plus sur un banc d'huîtres !

Un mois plus tard, je signais avec mes collègues du comité des gens de lettres une demande adressée à M. Ledru-Rollin : il s'agissait de faire admettre Eugène Briffault parmi les pauvres *malades* de Charenton. L'homme le plus spirituellement raisonnable que j'aie connu dans la littérature contemporaine était bien près de mourir dans l'hôpital de la folie : Il y est mort, en souriant à sa raison, qui ne voulait plus de lui, parce qu'il l'avait trop souvent égarée dans les broussailles des chemins de traverse.

Briffault était un journaliste, toujours et partout, en écrivant ou en parlant. Il savait beaucoup de choses, et il devinait ce qu'il ne savait pas. Il était prêt à babiller à toute heure, à chaque instant, et il improvisait volontiers toute la politique et toute la littérature d'un numéro de journal. Il ne croyait qu'à la puissance du journalisme, et il ne daignait être un littérateur instruit, spirituel, abondant, que pour les besoins et les menus plaisirs de la presse.

Briffault n'était pas tout-à-fait de notre siècle littéraire : il avait horreur de la réclame ; il n'était le *camarade* de personne ; il ne demandait rien à l'influence de la coterie ; il regardait en riant les petites ficelles de la littérature contemporaine ; il se moquait de ses meilleurs amis, dès qu'ils songeaient à devenir des *précieux* ridicules ; il méprisait l'argent quoiqu'il l'aimât beaucoup ; il n'avait ni orgueil, ni envie, ni affection, ni haine ; il dédaignait tout et tout le monde, sans excepter son propre talent et sa propre personne : quand il écrivait une méchanceté, il voulait prouver tout simplement qu'il était bien capable d'être méchant ; quand il écrivait une louange, il voulait prouver tout simplement qu'il était bien capable d'être faible ; il n'estimait peut-être que deux choses dans ce monde : l'esprit *parlé*, pourvu qu'il fût très-spirituel, et le vin de Champagne, même quand il était très-mauvais.

Briffault rencontra, un beau jour, après la révolution

de Juillet, un confrère qui parlait avec infiniment d'esprit et qui raffolait du vin de Champagne : Briffault devint tout de suite l'ami intime d'Étienne Béquet, en l'écoutant et en le regardant boire.

Il est difficile d'imaginer quelque chose de plus heureux, de plus vif, de plus singulier, de plus profond et de plus charmant que la causerie de ces deux convives, quand ils s'avisaient de faire les honneurs spirituels d'une table; souvent ils arrivaient à l'éloquence, à force de hardiesse; à la grandeur, à force d'abandon; au sentiment, à force d'artifice; et ces deux discoureurs blasés, ces deux sceptiques, ces deux incrédules trouvaient le moyen de vous montrer du cœur dans leur esprit.

A vrai dire, dans ce temps-là, l'ivresse les empêchait de dormir : elle n'était pas encore assez brutale, assez mal apprise, pour les jeter violemment sous la table, fatigués, assoupis, presque abrutis, méconnaissables.

Lorsque Eugène Briffault et Béquet s'enivraient ensemble, il y a douze ans, autour d'une table somptueuse, le verre toujours à la main et le propos toujours à la bouche, — l'ivresse n'était pour eux que la folle du logis, une Égérie spiritualiste, qui leur prêtait de la vivacité, de la grâce, de l'éclat, de la douceur, de la galanterie, de la finesse, de la malice, toutes les bonnes fortunes de la pensée, de la fantaisie et du langage.

Je me souviens d'avoir assisté à un souper que l'on offrait surtout à Étienne Béquet et à Eugène Briffault; ce soir-là, après avoir remué, de leur infatigable parole, toutes les idées, tous les intérêts et tous les sentiments de ce monde, les deux amis imaginèrent un *duo* de bons mots, d'aphorismes, de maximes, de pensées qui devaient se rapporter de près ou de loin à la table, à la bonne chère et surtout au vin de Champagne; ce fut Étienne Béquet qui commença :

— L'homme est un sublime alambic!

Eugène Briffault répondit, après avoir vidé son verre :

— Il n'y a de sérieux, ici-bas, que la culture de la vigne !

Ils continuèrent ainsi, sans hésiter, sans se faire attendre une minute, une seconde :

— Dis-moi ce que tu bois, je te dirai qui tu es!

— Avant d'inviter un homme à boire, jaugez-le.

— On ne doit compter les bouteilles de vin qu'à la paire.

— Un souper sans vin de Champagne : lanterne magique sans chandelle.

— Le Champagne est à un souper ce que la parole est à un homme d'esprit.

— Le Champagne est un nectar *tombé*, qui se souvient des cieux.

— Deux choses essentielles ont manqué à l'empereur Napoléon : il a repoussé l'application de la vapeur et il a méprisé le vin de Champagne.

— Le vin de Champagne et la liberté feront ensemble le tour du monde : l'un pour endormir les rois, et l'autre pour réveiller les peuples.

— Quelle est la ressemblance entre le vin de Champagne et un prisonnier? — C'est que tous les deux cherchent à s'échapper !

— A votre tour, connaissez-vous la différence qui les distingue? — C'est que l'un peut rentrer dans sa prison, et que l'autre ne rentre jamais dans sa bouteille.

Etienne Béquet voulut donner à ce feu d'artifice un bouquet tout-à-fait poétique; il s'écria, en se levant de table :

> Le premier qui fut roi fut un buveur heureux :
> Qui sait ingurgiter n'a pas besoin d'aïeux !

A son tour, Eugène Briffault se leva, en lançant un distique à la tête de son adversaire :

Les mortels sont égaux : ce n'est point la naissance,
C'est le vin qu'ils ont bu qui fait leur différence !

En ce moment, Etienne Béquet, au lieu de vider son verre, pour faire raison à ses amis, le déposa tout doucement, tout lentement sur la table : il le reprit d'une main tremblante, il l'approcha de ses lèvres, et le vin qu'il allait boire fut ridé par une grosse larme...

— Malheureux ! s'écria Briffault, tu mets de l'eau salée dans ton vin !...

— Pardonne-moi, répondit Béquet, mais je viens d'apercevoir une femme que j'aime et qui ne m'aime pas... au fond de mon verre !

Le souvenir de cette femme attrista la fin du souper. A cette époque, Etienne Béquet était fort amoureux d'une jolie actrice du théâtre des Variétés, que l'on nommait, je crois, Rose Pougaud.

Ce fut à l'issue du souper dont il s'agit, que Briffault se mit à dire à un petit *gentilhomme* qui avait une ivresse plus spiritueuse que spirituelle : « Monsieur, quand vous n'avez point bu, vous êtes la parodie d'un marquis; en revanche, quand vous venez de boire, vous êtes la réalité d'un laquais!

Cette nuit-là, précisément, une affreuse nuit d'hiver, Briffault s'en allait sur les trottoirs de la ville, au bras d'Etienne Béquet, clopin-clopant, et dans un débraillé de toilette peu compatible avec la rigueur de la saison; un passant lui demanda en riant :

— Avez-vous froid, monsieur?

— Non, répondit Briffault... J'ai pris mes précautions contre la gelée... J'ai revêtu pour la nuit un carrick intérieur...

— Parbleu! reprit le passant, donnez-moi donc l'adresse du tailleur qui vous habille... intérieurement?

— Morizet, fabricant de vin de Champagne, à Reims!

Eugène Briffault était véritablement un chef d'école dans le grand art de boire spirituellement le vin de Champagne. Il passait pour un des hardis inventeurs de *l'ingurgitation* Champenoise.

A cette époque, trois verres-modèles, trois verres souverains, régnaient sur la nappe Parisienne : Le *verre des Débats*; le *verre de Genève*, et le *verre-omnibus*. Le premier appartenait au critique du journal des Débats, Étienne Béquet; le second appartenait à M. James Fazy, un économiste Génevois qui a laissé dans le monde Parisien des théories passablement creuses et des bouteilles entièrement vides; le troisième appartenait à Eugène Briffault, et c'était au fond de ce verre que l'infatigable buveur faisait chaque jour, au profit du journaliste, une provision de bons mots, d'épigrammes et de fines réparties, de méchancetés joyeuses, de feuilletons et de médisances.

Le *verre* de Béquet n'ingurgitait pas le vin de Champagne : il se vantait précisément de ne savoir ni l'ingurgiter, ni le boire ; il le dégustait, il le savourait, il le faisait couler tout doucement, paresseusement et avec délices : c'était un petit ruisseau de vin d'Aï, qui coulait en murmurant sur le sable.

Le *verre* de Fazy avait quelque chose de violent, d'abrupte et de saccadé : c'était un paysage suisse ; il y avait du gouffre et de l'avalanche dans ce verre là ! le *verre* de Fazy avait peut-être un grand défaut : Il n'était pas toujours plein *avant* ; quelquefois, il débordait *pendant* ; et pour comble de malheur, il n'était presque jamais vide *après*.

Le *verre-omnibus* d'Eugène Briffault était plus vif que le verre des *Débats*, moins emporté que le *verre* de Genève, et il avait sur eux l'inappréciable avantage de la solidité, de la précision, du sourire et de l'élégance.

Le *verre* d'Eugène Briffault eut l'honneur de former d'héroïques élèves, de courageux disciples, qui admiraient leur maître en cherchant à le dépasser. Un seul peut-être justifia cette incroyable audace : Il mit à profit les trois grandes écoles, les trois grands verres, et il les éleva, il les purifia. Le *verre-directeur* devint le Luther du vin de Champagne ; le schisme de ce verre inspira des tours de passe-passe, des tours de gobelets, qui ressemblaient à des prodiges, — et une pareille réforme fut une véritable religion.

Le *verre-directeur*, ce quatrième pouvoir dans l'État du vin de Champagne, inventa les *galops*, les *pyramides* et les *cloches du village*; ses admirateurs ont prétendu que les *pyramides* étaient sa bataille d'Austerlitz.

Le *verre-directeur*, si bien porté par M. Bouffé, eut le mérite incontestable de donner au grand art de l'ingurgitation nationale le bénéfice de l'autorité et de l'unité; jusqu'à la nuit de son glorieux avénement sur le pavois de Véry, les trois verres dont j'ai parlé régnaient dans le domaine de la nappe, à la façon de trois petits princes féodaux : En un souper, en un service, en une bouteille, le *verre-directeur* confisqua la féodalité du vin de Champagne, et dès ce moment il put s'écrier, en corrigeant le langage d'un orgueilleux monarque : l'ingurgitation, c'est moi!

Il y avait, dans le *verre-directeur*, du Louis XI, du cardinal de Richelieu et du Louis XIV; il y avait aussi, dans la prestesse magique de ce verre, quelque chose qui aurait fait envie au sorcier Bosco, aux jongleurs indiens et à l'escamoteur Robert-Houdin.

Les quatre verres réunis firent faire un progrès énorme à la consommation du vin de Champagne, en abaissant le niveau de l'ingurgitation parisienne. — A force d'entendre célébrer les prouesses champenoises du café de la place de la Bourse, du café du Vaudeville, du café de Foy et du restaurant Véry, toutes les petites actrices de Paris raffolèrent du vin de Champagne, pourvu que le vin de Champagne de leur coutât rien.... en argent, bien entendu.

Les rats de l'Opéra, surtout, se plaisaient à passer des nuits tout entières au fond d'une bouteille champenoise : c'est pourquoi Eugène Briffault se mit à les appeler des rats de cave.

Il y eut un moment, en 1836, 1837, 1838, 1839, 1840, où les nouvelles rues de *Bréda*, *Neuve Saint-Georges* et *Notre-Dame-de-Lorette* consommèrent des quantités démesurées de vin mousseux; on n'envoyait plus de fleurs aux madones de ces jolis endroits : on leur adressait des paniers de vin d'Epernay, en guise de bouquets et de billets doux ; Briffault ne disait plus : Notre-Dame-de-*Lorette*, mais : Notre-Dame-de-*Champagne*, — et à ce propos il s'écriait un soir, en commençant le récit d'une galante aventure :

— Dans le nouveau Paris, dans cet amoureux quartier qui gazouille, qui ingurgite et qui roucoule, l'amour n'a plus de flèches ni de carquois : il porte un verre.... et Dieu merci !

Tant va le verre, amis, qu'à la fin il se brise !

On peut dire que, dans les soupers *champenois* dont nous avons parlé, le vin de Champagne et l'esprit coulaient en même temps, et à pleins bords. Il y avait autour d'Etienne Béquet et d'Eugène Briffault, dans la galerie active de la nappe, des hommes d'esprit qui étaient assez spirituels pour payer un charmant écot dans ce pique-nique d'idées, de sentiments, d'opinions et de paroles. L'avocat Wollis était un adorable plaideur, quand il s'agissait d'interpréter, au profit du plaisir, quelque loi naturelle ou quelque question de droit coutumier. Etienne Arago improvisait, en riant, une République de vaudevilliste, qui ne manquait ni de bons mots, ni d'effets de théâtre, ni de feux de Bengale, ni de fleurs artificielles, ni de couplets de facture. Louis Monrose imitait déjà son inimitable père, en se donnant les airs et la malice de la grande livrée. Guéneau de Mussy, un excellent médecin d'aujourd'hui, nous parlait, en docteur amoureux, de ses études anatomiques dans les boudoirs. Fontenay, le paysagiste, trouvait des effets de lumière et d'observation dans le pétillement de son verre qu'il appelait *sa palette du soir*. Lafont, l'élégant comédien, batifolait avec quelque souvenir galant, avec quelque joli fantôme qui lui ramenait sa première jeunesse. Fontan, presque toujours sérieux, un peu triste, s'amusait à lancer à travers la table des mots qui voulaient être des sentences, des saillies qui voulaient être des leçons, de rudes caprices de pensée et de langage que nous appelions *des bruyères de Bretagne*. Ancelot enseignait à ses jeunes confrères l'art de chiffonner le dix-huitième siècle.

Je me souviens d'un pauvre diable, — un pauvre d'esprit, — qui obtint, je ne sais comment, l'insigne faveur d'assister à ces soupers littéraires : il se nommait Mouton ; il était huissier, par la profession, — bon homme, par la vocation, — et homme de lettres, par la prétention. Cet honnête Mouton avait une manie affreuse : ne trouvant rien à dire en soupant, il finissait par nous conter ses prouesses judiciaires de la journée, et il ne manquait presque jamais de nous servir un *dossier* sur la table. En pareil cas, Briffault disait tristement, comme il convenait à un débiteur : Messieurs, voilà l'huissier qui reparaît sous le mouton.... fuyons les bêtes !

Il m'est impossible de penser tristement à ces joyeux soupers du *treizième*, sans me souvenir d'y avoir vu quelquefois un spirituel confrère, qui a prêté pendant quinze ans beaucoup d'invention et d'originalité aux débats de la police correctionnelle. James Rousseau était un des *inventeurs* de ce petit monde équivoque, naïf, grotesque, cynique, élégant, déguenillé, pauvre, riche, que la *Gazette des Tribunaux* nous présente chaque matin dans le cadre de la 7e chambre. Un mot, un trait, un regard d'un témoin, d'un plaignant ou d'un prévenu, servait de prétexte à James Rousseau pour improviser une figure, un caractère, une existence, un type, une véritable création. Il trouvait, pour chacun de ses héros, des gestes et des observations qui étaient vrais à force de vraisemblance. Il rendait un compte fidèle des débats de la police correctionnelle ; mais il ajoutait à l'exactitude du compte-rendu une espèce d'*illustration à la plume* qui valait mieux que la vérité du texte judiciaire.

James Rousseau connaissait son Paris sur le bout

des doigts; l'étude qu'il avait faite de la vie parisienne, dans la pratique de sa propre vie, lui fournissait la plupart de ces aperçus, de ces réflexions, de ces traits sévères ou plaisants qu'il appliquait avec tant de verve à la comédie dramatique de la police correctionnelle. Il appartenait à cette classe d'*observateurs* qui vivent en observant, au jour le jour, par la pluie et par le soleil; qui observent à leur corps défendant, et qui donnent, à leur insu, un peu de force, un peu de santé à chaque observation qu'ils ont faite.

Je salue également, et de bien loin, autour de la table de ce temps-là, un artiste ingénieux, un compositeur charmant, que l'on appelait Doche, et qui vient de mourir à Saint-Pétersbourg. M. Doche, l'ancien chef d'orchestre du théâtre du Vaudeville, passa les plus belles années de sa vie à gaspiller son talent, sa verve, tout son meilleur génie; il composa plus de jolis airs, plus de romances, plus de refrains qu'il n'en faudrait pour faire de véritables petits chefs-d'œuvre sur la scène de l'Opéra-Comique. Par malheur, l'Opéra-Comique ne s'avisa de lui prêter ses chanteurs et ses chanteuses les moins aimables, que dans un temps où le pauvre musicien avait jeté au vent des vaudevilles toute l'inspiration de sa jeunesse, toute la joyeuse science de son cœur. Le temps, la *désespérance*, les regrets, avaient déjà refroidi l'imagination de l'artiste, lorsqu'il essaya de *réchauffer des sons de sa musique* le libretto de quelque poète transi. Le 13e arrondissement ne lui avait pas porté bonheur !

Les soupers *champenois* devinrent, pendant quelques mois, une sorte de petite académie assez poétique : chacun s'obligea, la main posée sur un exemplaire des œuvres de Béranger, à composer périodiquement une chanson philosophique ; l'on s'exécuta de la meilleure grâce, et je me rappelle encore le titre d'une de ces compositions : *Jésus-Christ* ; la chanson de *Jésus-Christ* attendrissait le philosophe Béquet, et un pareil attendrissement fut un grand honneur pour le chansonnier. — Béquet ne savait plus guère s'attendrir qu'en songeant à Rose Pougaud.

Lorsque Etienne Béquet et Eugène Briffault manquaient à un de ces soupers, la royauté du vin de Champagne et de l'esprit tombait en République : tout le monde voulait ingurgiter, tout le monde voulait être spirituel, — et par malheur, cette belle ambition républicaine tournait visiblement à l'ivresse et à la folie.

L'ivresse dont je parle me rappelle une causerie très-fine, très-ingénieuse, provoquée par le vin de Champagne, entre deux jeunes convives, une lutte charmante qui sembla faire envie à la verve de Béquet et de Briffault. Je consulte mes petites notes jaunies par le temps et par les larmes, et je copie ce dialogue débité par deux interlocuteurs qui chancelaient le verre à la main :

— Qu'est-ce que l'ivresse?

— C'est un chapitre qui a inspiré des pages admirables à une foule de buveurs d'encre.

— Veuillez-nous rappeler ces pages.

— C'est inutile; il n'y a de beau que ce qui est oublié.

— Y a-t-il plusieurs sortes d'ivresse?

— Oui, il y en a deux.

— Quelles sont-elles?

— L'ivresse physique, et l'ivresse spirituelle.

— Où prenez-vous l'ivresse physique?

— Dans tous les vins de ce monde, un seul excepté.

— Où prenez-vous l'ivresse spirituelle?

— Dans le vin de Champagne, qui est la seule exception dont je parle.

— Quels sont les résultats ordinaires de la première ivresse?

— L'abrutissement, l'atonie et la mort.

— Quelles sont les suites habituelles de la seconde?

— La vivacité, la grâce, le sentiment, la galanterie et l'esprit.

— Qu'entendez-vous, en pareil cas, par le mot vivacité?

— J'entends quelque chose qui donne de l'éclat au regard, au geste et à la parole.

— Qu'entendez-vous par le mot grâce?

— J'entends quelque chose qui donne de la douceur, de la coquetterie, de la souplesse, de l'agrément à ce que vous dites et à ce que vous faites.

— Qu'entendez-vous par le mot sentiment?

— J'entends quelque chose qui nous emporte sur un beau nuage dans les espaces imaginaires.

— Qu'entendez-vous par le mot galanterie?

— J'entends quelque chose qui nous invite à parcourir, à deux, tous les petits chemins de traverse du treizième arrondissement.

— Qu'entendez-vous par le mot esprit?

— J'entends quelque chose qui court, dit-on, les rues, mais qui entre fort rarement dans les maisons.

— Ce n'est point là répondre; qu'entendez-vous par le mot esprit?

— J'entends quelque chose qui prête de la finesse à nos pensées, du trait à nos réparties, de la malice à nos épigrammes, de la saveur à nos compliments, de l'intérêt à nos mensonges, du sel attique à tous nos propos.

— A quoi vous plairait-il de comparer cet esprit du vin de Champagne appliqué à la causerie?

— A des flots de sable d'or sur une page d'écriture.

— Que verriez-vous dans un convive qui deviendrait sérieux, triste et morose, à son dernier verre de vin de Champagne?

— Je verrais, dans ce convive, le regret d'un buveur qui voudrait en être à son premier verre.

— N'y a-t-il pas une divinité invisible, une puissance mystérieuse, une bonne fée qui préside à la douce ivresse du vin de Champagne?

— Oui, il y en a une.

— Quel est son nom?

— La Folle du logis.

— Dites-nous ce qu'elle sait faire ou inspirer.

— Par elle, le vin de Champagne nous égaie, nous exalte, nous illumine et nous enivre!.... Alors, la matière disparaît, et l'intelligence se purifie. Nous sommes tout amour, tout désir et tout plaisir : nous oublions la veille, nous défions le lendemain, et le jour seul est ravissant! Alors, l'homme finit, et le Dieu commence : la terre, l'univers, les mondes nous appartiennent, et nous voilà les maîtres de la création tout entière.... jusqu'au réveil de la raison!

— N'est-ce point là tout simplement le rêve de l'ivresse?

— Oui, mais un beau rêve, dans cette vie qui n'est qu'un vilain songe !

Les deux interlocuteurs se laissèrent tomber sur un sopha et s'endormirent.

— Ce sont deux enfants, murmura Briffault..., ils jouent avec l'esprit!

Ce soir-là, par extraordinaire, l'esprit de Briffault se fit attendre, et quand il commença de jaillir du fond d'un verre, il retomba sur la table sans bruit et sans éclat; peut-être avait-il peur de réveiller les deux spirituels convives qui dormaient si bien.

Il se passa, dans un de ces bienheureux soupers, une petite scène qui fut animée et attristée, si on peut le dire, par une secrète moralité : le vin de Champagne donnait un avertissement terrible à Étienne Béquet et à Briffault.

Béquet s'avisa, dans un soir de découragement et de scepticisme, de verser dans son verre cônique je ne sais quelle affreuse liqueur, une liqueur vulgaire, un véritable poison que les Français appellent de l'*eau-de-vie*, par une horrible antiphrase, et que les Espagnols appellent de l'*eau-de-mort*.

Béquet cessa de babiller et de sourire : son intelligence, tout son esprit et sa brillante parole s'envolèrent aussitôt ; son corps seul resta dans un fauteuil, et il se mit à se balancer violemment, comme un balancier de pendule qui obéit, non pas à un ressort, à un mécanisme régulier, mais à une impulsion arbitraire et brutale.

Le balancement s'arrêta ; Béquet, immobile dans sa faiblesse, regardait sans voir, songeait sans penser, souffrait peut-être sans sentir : Il était ivre-mort. Le vin de Champagne l'enivrait, d'ordinaire ; cette fois, l'eau-de-vie commençait à le tuer

— Je vais dormir!... balbutia le pauvre Béquet, en faisant un effort pour entr'ouvrir ses lèvres.

— Tu vas mourir!... lui répondit l'un des deux improvisateurs du petit catéchisme de l'*ivresse* : adieu, Béquet.... tu es mort, et je vais prononcer ton oraison funèbre!....

Chacun vida son verre et fit silence ; l'oraison s'exprima ainsi :

« Permets-nous de le proclamer ici-bas, à ta louange, ô notre excellent et immortel ami : l'histoire spirituelle de ta vie tout entière est un éloge pompeux du vin de Champagne!...

» Étienne Béquet, messieurs, fut baptisé, à l'âge de deux ans, à grands flots de vin d'Epernay, et l'influence mystérieuse de ce joli baptême devait lui porter bonheur.

« Il fut un des causeurs les plus ingénieux, les plus

habiles, les plus aimables de la société parisienne, grâce au vin de Champagne qui babillait toujours en collaboration avec son esprit.

« Il fut un des critiques les plus savants, les plus équitables et les plus sensés de son époque, grâce au vin de Champagne qui lui donnait la science, la justice et la raison.

« Un jour, en 1830, il devint un grand et redoutable politique, grâce au vin de Champagne qui lui souffla l'inspiration de cette prophétie : « *malheureuse France ! malheureux roi !*

« Un soir, en causant, en riant, en se moquant des excès de la littérature romantique, il improvisa un délicieux poème en prose, grâce au vin de Champagne qui lui dictait tout bas, dans son cœur, un petit chef-d'œuvre intitulé : *Marie* ou le *mouchoir bleu*.

« Sa mort fut un suicide ; un seul instant, il dédaigna le vin de Champagne, l'ingrat !... Et il mourut en expiation d'une véritable apostasie ! N'importe ; il a beaucoup bu, il lui sera beaucoup pardonné.

« Adieu ! ô toi qui fus notre guide, notre conseil et notre maître !... tes amis et tes élèves se prosternent, avec moi, à l'ombre de tes ailes.

« Le *verre-directeur* ingurgite, chaque nuit, à ta mémoire ; le *verre de Genève* s'est dérangé en ton absence : il n'ingurgite plus que de la politique ; le *verre-omnibus* ingurgite encore en se souvenant de toi, et moi, le plus indigne de tes disciples, j'ingurgiterai toujours.

« Depuis ta disparition de la nappe parisienne, il nous est venu des viveurs de contrebande, que l'on appelle des lions ; ces viveurs-là vivent de peu : ils mangent quand ils ont faim, mais ils ne dînent pas ; ils boivent quand ils ont soif, et ils se grisent avec du vin rouge.

« Encore une fois, adieu ! et que le nectar, qui est le vin de Champagne de l'autre monde, te soit frais et léger ! »

Chose étrange et bien triste ! Dès ce moment peut-être, Émile Béquet, cette nature spirituelle, distinguée, exquise, se laissa gagner par la trivialité de l'ivresse la plus honteuse ; la sensualité brutale vint à bout de cet ingénieux et inépuisable esprit ; une ombre équivoque, voila cette brillante intelligence : le vin de Champagne disparut dans un affreux poison. — Béquet mourut à l'âge de 42 ans, et l'on peut dire que le jour de cette mort déplorable, Briffault lui-même commença de mourir.

Se sentant déjà bien fatigué, un peu triste, un peu seul, presque vieux avant l'âge, Briffault s'avisa de se marier ; le mariage donna peut-être quelques rides de plus à son esprit, à son cœur et à sa figure.

Briffault essaya de renoncer au journalisme, pour se livrer à la littérature proprement dite : ses livres ne valaient pas ses articles de journaux. Il s'efforça de retrouver ses premières amours de la presse; mais les amours du feuilleton n'étaient plus là pour le reconnaître et lui sourire : la place était prise par des prétentions et par des ambitions ; l'ancien rédacteur de l'*Album national*, du *Siècle*, du *Courrier*, du *Corsaire*, du *Temps*, le journaliste qui avait défendu la révolution de juillet avec une plume et avec une épée, l'écrivain qui avait dépensé tant de verve, de raison et d'esprit pour la littérature et pour la politique, en fut bientôt réduit à demander quelques pauvres services à des ministres. Quand les ministres et les amis n'eurent plus rien à lui donner, il demanda son pain quotidien à Dieu, qui ne le lui envoya pas tous les jours.

Pauvre, inquiet, malheureux, faible, jaloux, Eugène

Briffault perdit en peu de temps son corps et son esprit : sa figure avait cessé de rire, et son imagination se prenait à pleurer. Il savait encore écrire : il ne savait plus babiller. Il pensait encore : il ne savait plus illuminer sa pensée. Les brillants spectacles de son intelligence d'autrefois continuaient peut-être à s'agiter en lui; mais Dieu oubliait, depuis quelque temps, d'éclairer la lanterne magique de son cerveau.

Quelques mois avant sa mort, Briffault résolut de croire aux médecins et à la médecine : il confia l'avenir de sa santé à une méthode curative qui consiste à rendre un homme hydropique afin de l'empêcher de maigrir. Le pauvre malade disait, à propos de ce vilain traitement qui avait l'air de lui adresser, chaque jour, une épigramme : Je me suis décidé à mettre de l'eau dans mon vin !

Par malheur, le vin, le vin de la misère avait gâté, fêlé le verre d'Eugène Briffault, — et ce verre, d'un cristal si pur et si bien taillé, se brisa dans la main tremblante d'un fou de Charenton.

Briffault ne nous a rien laissé de ses travaux littéraires ; la plupart des journalistes ressemblent aux comédiens : ils ne laissent en mourant qu'un nom et qu'un souvenir.

Un mot encore sur ce malheureux ami, un mot qui n'est point un reproche, mais un grand et vif regret : pour être un homme tout-à-fait remarquable, Eugène Briffault aurait dû avoir un peu plus de cœur ou un peu moins d'esprit.

XVI

Créanciers et marchands.

Si le treizième arrondissement ne paie pas toujours ses dettes, c'est qu'il déteste presque toujours ses créanciers.

———

Les créanciers du 13ᵉ arrondissement sont détestables pour deux raisons principales : parce qu'on leur doit, et parce qu'ils ne savent pas réclamer ce qui leur est dû.

———

Le treizième arrondissement est plus excusable que

le monde, en matière de dettes : dans le monde, c'est l'emprunteur qui cherche un créancier ; dans le 13ᵉ arrondissement, c'est le créancier qui a cherché l'emprunteur.

Dans le 13ᵉ arrondissement, rien n'est comparable à la bassesse du prêteur, quand il offre sa petite marchandise ; rien n'est comparable à son impudence, quand il réclame son argent.

Si le prêteur traite avec une femme, il compte sur le jeu de l'amour et du hasard ; s'il traite avec un homme, il compte sur la violence et sur le scandale : Il y a un peu de tous les vilains métiers, dans la profession d'un pareil prêteur.

Dans le 13ᵉ arrondissement, les à-comptes que l'on donne à certains créanciers ne comptent pas.

Les gages que l'on confie, que l'on dépose, au mois ou à la semaine, ne se retrouvent jamais ; ils ne servent qu'à payer les frais du culte usuraire.

Les petits banquiers du 13ᵉ arrondissement n'ont

point de livres de commerce : il faut les en croire sur parole, et leur parole manque généralement de mémoire.

———

Les créanciers d'une femme n'oublient jamais de s'adresser à son nouvel amant ; ils appellent cette petite spéculation honteuse : mettre la main à la crémaillière.

———

Je n'ai connu, dans le 13ᵉ arrondissement, qu'une seule femme qui eût véritablement le courage de ses dettes : quand un créancier frappait à sa porte, l'injure ou la menace à la bouche, elle feignait d'envoyer son concierge à la recherche d'un peu d'argent, et le concierge revenait avec le commissaire de police ;— elle disait, en parlant de cette façon de payer ses dettes : *c'est un coup d'écharpe !* Elle a fini par fatiguer la violence de ses créanciers, en les écharpant.

———

Quand une femme *lettrée* du 13ᵉ arrondissement expie à Clichy le tort d'avoir accepté une lettre de change, elle se croit forcée d'écrire ses *mémoires* afin de ne rien oublier.

Dans le 13ᵉ arrondissement, il y a des usuriers qui prêtent à de pauvres jeunes filles tout ce qu'il leur faut pour devenir des femmes vicieuses : ils se payent plus tard sur les revenus du vice.

Quand les prêteurs du 13ᵉ arrondissement ont des enfants, ils doublent l'intérêt de leur prêt, en stipulant un *cadeau* pour les menus-plaisirs de leur petite famille.

Un débiteur du 13ᵉ arrondissement n'a pas le droit de s'habiller, à son gré, pendant le jour : il faut qu'il désarme ses créanciers, par la pauvreté apparente de ses vêtements.

———

Lorsqu'on retire des mains de certains créanciers un titre que l'on vient de payer, ils se persuadent qu'ils ont perdu quelque chose : dans le secret de leur pensée équivoque, ils ont perdu le droit de se faire payer deux fois.

———

C'est surtout lorsqu'ils acceptent le renouvellement des billets échus, que les créanciers du 13ᵉ arrondissement pêchent en eau trouble.

———

Si Schylock, l'usurier de la chair humaine, revenait dans le monde, il exercerait sa petite industrie dans le 13ᵉ arrondissement.

———

Si Jérémie Bentham vivait encore, lui qui a réhabilité l'usure commerciale, il trouverait la pratique de sa théorie dans le 13ᵉ arrondissement : les escompteurs n'y prêtent pas leur argent ; ils le vendent.

———

Les créanciers du 13ᵉ arrondissement ne poursuivent pas leurs débiteurs : ils les insultent ; ils ne font pas de frais : ils font des scènes.

Louis Lulli, que j'ai déjà nommé, s'écriait à propos des créanciers du 13ᵉ arrondissement : quand ils entrent chez moi, je me sens frappé d'un coup de poignard invisible ; ils m'assassinent, sans me toucher.

Ce pauvre Louis Lulli avait eu affaire à un créancier, quand il disait sentencieusement à ses amis : les dettes abrègent la vie !

———

Les petites-filles de Mᵐᵉ La Ressource habitent presque toutes le 13ᵉ arrondissement ; elles y forment une véritable tribu : les revendeuses du temple de l'amour.

———

Ce qui fait l'influence, le pouvoir et la fortune des marchandes à la toilette, c'est qu'elles vont en ville : elles promènent la tentation ; elles portent le démon à domicile.

———

Les marchandes à la toilette sont bien plus terribles que les créanciers : comme elles sont encore un peu femmes, elles deviennent impitoyables pour les débiteurs, parce qu'ils aiment, et pour les débitrices parce qu'elles sont aimées.

———

Quand elles viennent de chez la marchande à la

toilette, les robes finissent toujours par blesser la femme qui les porte.

———

Quand une marchande à la toilette a rançonné une femme, le matin, elle se croit autorisée à dîner chez sa victime le soir.

———

Lorsqu'une marchande à la toilette n'a ni marchandise ni argent à vendre, elle vend son crédit : elle répond d'une dette, en la grossissant à son profit.

Les créanciers et les marchandes à la toilette du 13ᵉ arrondissement ne respectent rien, à la porte des débiteurs : Ils ne prennent garde ni au repos, ni au sommeil, ni aux souffrances, ni aux travaux, ni aux douleurs de leurs clients; ils entrent toujours, ils entrent partout, ils sortent quand bon leur semble, à moins qu'on ne les jette par la fenêtre, — et on n'ose pas!

———

Lorsque les marchands et les marchandes du 13ᵉ arrondissement ont vendu un objet d'art, un tableau, une curiosité, une niaiserie couteuse, ils n'éprouvent plus qu'un seul besoin : le besoin de reprendre pour rien ce qu'ils ont donné pour de l'argent.

———

Quelquefois, bien rarement, on vient à bout d'un créancier, en le flattant; jamais on ne flatte assez une marchande à la toilette pour la séduire.

———

J'ai rencontré, dans le 13ᵉ arrondissement, une marchande qui était une honnête femme! à vrai dire, il ne s'agit pas précisément d'une marchande à la toilette : l'honnête femme dont je parle ne vendait que des bas.

M@sup{me} Berquin avait, pour clientes, les plus belles rentières du 13e arrondissement ; elle se fesait payer les fournitures de sa petite marchandise, par à-comptes hebdomadaires de *cinq francs :* elle se mettait en route chaque samedi, pour aller se jeter, disait-elle, aux jambes de ses jolies pratiques.

———

Les marchandes à la toilette ont quelque chose de commun avec la faim : elles conseillent mal.

XVII

Observations oubliées.

Tous les bas bleus appartiennent au 13° arrondissement.

———

Quand le treizième arrondissement ne rit point aux larmes, il pleure sans rire.

———

Dans le 13° arrondissement, c'est l'habit qui commence par faire le moine.

———

Dans les beaux quartiers de Paris, la plupart des bureaux de tabacs relèvent du treizième arrondissement.

C'est surtout dans le treizième arrondissement, que l'on pardonne tant que l'on aime.

Dans le treizième arrondissement, il n'y a plus de fruit défendu : tout est mangé.

Dans le treizième arrondissement, un piano n'est pas toujours un instrument de musique.

L'eau-de-vie de Dantzic est la liqueur favorite du treizième arrondissement : c'est de l'or en bouteille.

Dans le 13e arrondissement, un brouillard est quelquefois un rideau.

La plupart des portiers et des concierges de Paris touchent, par des robes de famille, au 13e arrondissement.

Dans le treizième arrondissement, il y a des hommes qui attendent pendant dix ans le retour d'une femme infidèle. Quelle belle et touchante histoire du cœur on pourrait écrire, avec *les hommes qui attendent !*

Dans le treizième arrondissement, c'est surtout lorsqu'il n'y a pas de bois au logis, que l'on met le feu à la cheminée : on brûle du papier.

Les bûches économiques, qui imitent la couleur du

feu, ont été inventées par quelque pauvre frileuse du treizième arrondissement.

Dans le treizième arrondissement, il y a des femmes qui vous parlent de leurs enfants, comme si elles n'avaient jamais fait que des fausses-couches.

L'invention des trottoirs a servi, dans le treizième arrondissement, à faire chanceler bien des passants.

Dans le treizième arrondissement, on n'a, bien des fois, qu'un peu d'amour pour souper.

Dans le treizième arrondissement, on n'est fidèle qu'à l'infidélité.

Dans le treizième arrondissement, les médecins intervertissent les rôles : ils deviennent des clients.

Si le treizième arrondissement n'existait pas, il y aurait peut-être bien plus de vices et de crimes dans le monde, — mais aussi, bien plus de passions et de vertus.

Dans le treizième arrondissement, l'amour dîne souvent avec les gâteaux qu'il porte, le soir, à sa maîtresse ; souvent il se lève pendant la nuit, sans réveiller personne, pour aller manger un peu de pain dans la cuisine : la veille, il s'était contenté de déjeuner !

Si les femmes du treizième arrondissement savaient regarder toutes les fleurs que la passion leur offre en souriant, elles y trouveraient quelques larmes : — les larmes de la pauvreté.

J'ai vu, dans le treizième arrondissement, une femme, jeune, jolie et riche, qui prenait, chaque matin, son café à la crème dans un pot-à-fleurs.

Dans le treizième arrondissement, une montre n'est qu'un bijou : elle a le droit de se déranger quand bon lui semble ; elle est dispensée de marquer les heures.

Quand le treizième arrondissement s'attable dans un cabinet particulier, avec un nouveau-venu, il choisit sur la carte, non pas ce qu'il trouve de meilleur, mais ce qu'il trouve de plus cher.

———

Le treizième arrondissement ne se dévoue à l'amour d'un homme, que lorsqu'il lui trouve des vices à aimer.

———

Il peut arriver, dans le treizième arrondissement, que la fidélité dépende d'une servante qui entre chez sa maîtresse pour y rallumer le feu.

———

Dans le treizième arrondissement, il y a des femmes que l'on oserait fouetter, dans un accès de colère, si elles n'étaient pas maigres.

———

Les têtes et les consciences du treizième arrondissement ont besoin d'être ménagées par le vent : une brise les fait tourner.

———

Dans le treizième arrondissement, les jeunes femmes portent le deuil de leur sagesse, en rubans roses.

———

Deux parties bien distinctes, et qui finissent pourtant par se mêler toujours, se jouent sur le tapis-bleu du 13ᵉ arrondissement : le plaisir tâche d'attraper la jeunesse, tandis que la vieillesse s'efforce d'attraper le plaisir.

L'observation la plus complaisante est obligée d'admettre que le 13ᵉ arrondissement dégénère depuis quelques années, par un effet de la concurrence : la quantité nuit à la qualité ; le métier remplace trop la vocation, et l'agiotage s'en mêle, comme à la Bourse.

Les femmes galantes d'aujourd'hui et de demain, commencent à oublier la condition amoureuse du 13ᵉ arrondissement : elles s'avisent de n'aimer que les vilains bruits, les vilains mots et les plus vilaines choses du monde; elles trompent, sans s'amuser à tromper; elles désapprennent le grand art de veiller et de dormir; elles confondent volontiers le vin bleu avec le vin de champagne; parfois, elles ne dansent que pour raccourcir leurs robes; elles ne jouent que pour gagner en faisant jouer; elles donnent de l'argot à la belle langue de la galanterie; elles gâtent leur beauté avec le sourire bête qui égaie leur esprit; elles compromettent le vice, en lui prêtant d'horribles défauts. Si quelques femmes d'esprit ne daignent pas s'en mêler, la galanterie fera comme la royauté : elle s'en ira!

Du reste, la galanterie parisienne a dû subir depuis longtemps l'influence de la loi commune : elle s'est affaiblie en s'étendant; elle a perdu de son éclat, dans une espèce de dégradation de sa lumière; elle a passé, bon gré mal gré, par l'égalité du commerce et par le commerce de l'égalité; elle s'est effacée comme la noblesse, matérialisée comme la religion, fractionnée comme la propriété.

Dans la dernière quinzaine du mois de décembre, le treizième arrondissement est visible pour tout le monde : il sème, à grands frais de politesse, la petite récolte du *jour de l'an*.

Le treizième arrondissement ne manque pas toujours d'un certain ordre, dans le budget de sa fortune ; parfois, il prend la peine de tenir fort exactement un livre des dépenses et des recettes : l'*agenda du jour et de la nuit*.

Dans le 13e arrondissement, il y a des femmes qui meurent, quand elles vont commencer à aimer ; elles donnent à l'amour le dernier soupir de la galanterie.

___

L'avarice n'est souvent que de l'ignorance : quand un avare a eu le bonheur de venir s'instruire dans le 13ᵉ arrondissement, il peut finir par avoir le bonheur de se ruiner.

___

La galanterie du treizième arrondissement n'assiste à certains soupers, qu'après avoir déposé sa belle robe dans le vestiaire : ces sortes de soupers s'appellent des *repas de corps*.

___

Dans le 13ᵉ arrondissement, les femmes se tuent pour vivre.

___

La plupart des belles prodigues du 13ᵉ arrondissement ne connaissent qu'une seule fable de La Fontaine, et cette fable est précisément l'histoire de la prodigalité galante : *La Cigale et la Fourmi*..

___

Quand on a de l'esprit, il faut passer par le treizième arrondissement : il ne faut point y rester ; si l'on a du cœur, il ne faut pas même y passer ; si l'on n'a ni cœur ni esprit, on peut y rester impunément : on n'a plus à y perdre que sa fortune, si l'on est riche.

DEUXIÈME PARTIE.

DEUXIÈME PARTIE.

I

La Violette.

Le pays que l'on a vu, que l'on a aimé, dans les années joyeuses de l'enfance, est toujours le plus beau pays de la terre; j'ai adoré autrefois la petite commune de Saint-Pierre de Lubis, dans les environs de Bayonne, et je trouve encore ce village le plus joli, le plus propre, le plus verdoyant, le plus séduisant du monde.

Il y a là des millions de merveilles naturelles, que l'on voit, que l'on admire sans cesse, et que l'on croit admirer chaque jour pour la première fois : la commune de Saint-Pierre-de-Lubis a une telle variété dans les arrangements de sa parure fleurie, elle est si coquette, si adroite et si riche, pour tout ce qui peut la faire valoir et l'embellir, que soudain elle se transforme, elle se métamorphose, en un clin d'œil, aux regards mêmes de ceux qui l'ont visitée le plus souvent et qui la connaissent le mieux ; elle étale devant vous, aujourd'hui, des richesses nouvelles, des toilettes inconnues qu'elle cachait hier encore, et que sans doute elle ne daignera plus montrer demain. Quand il pleut, cette bienheureuse campagne ressemble à une pauvre villageoise qui regrette, sur les bords du chemin, ses belles hardes mouillées par la pluie; alors elle devient d'une tristesse charmante! Quand le soleil la réchauffe et l'éclaire, elle ressemble à une superbe Espagnole qui marche dans toute sa splendeur, qui aime, qui est aimée, et qui se sent heureuse de vivre; alors elle devient d'une beauté ravissante! Quand la tempête arrive, que l'orage gronde, et que la foudre éclate, elle ressemble à une Italienne furieuse, que l'on a indignement trahie, qui sanglotte et qui se venge ; alors elle devient d'une grandeur et d'une majesté admirables!

Cela veut dire, tout simplement, que la commune de Saint-Pierre-de-Lubis satisfait à toutes les lois, à toutes les exigences, à tous les caprices du genre pittoresque : il est impossible de rien imaginer de plus gigantesque et de plus mignon ; rien qui soit plus immense, plus délicat et plus gracieux ; rien qui contienne à la fois plus de torrents, de prairies et de cascades, de forêts, de grottes et de vallons, de pampres, de jolies filles, de brebis et de violettes. — On y pénètre par de petites routes tapissées de fleurs et de verdure, par de petits chemins de traverse ombragés de tilleuls touffus et de marronniers magnifiques; çà et là, des plates-formes toujours riantes, toujours fraîches, toujours parées, et qui ressemblent à de véritables jardins suspendus; et puis, à chaque pas, pour ajouter encore quelque chose de solennel aux accidents, aux fantaisies du paysage, des ruines gothiques, vieux témoins d'un passé qui est sans doute une glorieuse histoire; devant vous, bien haut au-dessus de votre tête, des montagnes homériques, un vaste chaînon de cette chaîne immense que l'on appelle les Pyrénées; enfin, là-bas, derrière ce joli rideau de verdure, damassé par des rayons de lumière, de l'eau, rien que de l'eau : c'est la mer !

Au milieu du village, sur un grand tertre de gazon, une église toute blanche, humble, modeste, craintive, se cache dans un bouquet d'acacias, de saules pleureurs et de platanes ; le terrain, sur lequel s'élève la sainte demeure forme une espèce de presqu'île, grâce à un fleuve en miniature que la main des fidèles a fait jaillir, par enchantement, et serpenter autour de l'église ; c'est là un détail qui ne manque peut-être pas d'intérêt : Le cimetière se trouve de l'autre côté de cette jolie nappe d'eau, et, chaque fois qu'il s'agit de rendre à la terre les dépouilles d'un pauvre chrétien du village, on dépose le cercueil bénit dans un léger batelet peint en noir, et qui est toujours amarré aux branches d'un saule pleureur : le curé de la paroisse, le sacristain et l'enfant de chœur prennent place autour de la bière; on détache le cable, on agite la rame, on traverse le vivier, en chantant les dernières oraisons des morts, et l'on aborde ainsi au cimetière, où les amis et les parents reçoivent, à deux genoux, celui qu'ils ont aimé, celui qu'ils pleurent!...

Que vous dirai-je? Oui, j'éprouve un singulier plaisir à vous parler de Saint-Pierre-de-Lubis, qui est véritablement un oasis fleuri; d'un bout de l'année à l'autre, les bois, les champs et les bruyères se parent à l'envi de colliers de guirlandes et de joyaux, dont vous connaissez les noms harmonieux, le vif éclat, les splendides couleurs : voici l'ellébore noir, cette rose de Noël qui a de si belles corolles blanches; voici l'anémone et la renoncule pourprée, qui étalent une double couronne de feuilles rayonnantes; plus loin, à demi caché dans la mousse des bois, le muguet agite ses petits grelots odorants, comme de petits encensoirs d'où s'exhale un parfum bien plus doux que celui de l'encens; aimez-vous la Sylvie aux pétales roses? la voilà; c'est la coquette de la forêt, toujours ornée, toujours brillante, un peu fière, un peu prétentieuse, comme toutes les coquettes de ce monde;

je regrette de ne savoir pas nommer cette autre plante si hardie, si effrontée, qui baigne ses pieds dans la boue des ruisseaux, et qui balance avec un sot orgueil une grande tige surmontée de blanches ombelles : dans la famille des fleurs, ce doit être là une femme du 13e arrondissement ; je lui préfère ce modeste laurier-thym qui a des parures embaumées pour toutes les vierges du village, ou cet innocent bluet qui s'amuse, au milieu des blés, avec les oiseaux, les papillons et les enfants ; il ne faut pas que j'oublie l'aimable héliotrope d'hiver, qui parsème les champs de Saint-Pierre-de-Lubis d'un millier de bouquets en forme de grappes de lilas ; le nénuphar arabe, dont les feuilles larges et arrondies ressemblent à un tapis de roses flottantes, étendu sur l'eau des marais ; la capucine d'or, qui scintille, pendant la nuit, à la manière des lucioles, et qui fait voler, quand on la touche, des myriades de diamants ou d'étincelles ; enfin, prenez-garde, s'il vous plaît, à ces groupes de perce-neige, qui font de chaque prairie neigeuse un vaste cachemire blanc tout bariolé d'émeraudes !

C'est là que se laisse vivre, au pied des montagnes et sur le bord de la mer, à travers les bois, les rochers et les fleurs, au bruit des vagues, des torrents et des sources jaillisantes, au milieu des chants des oiseaux, parmi toutes les magnificences du ciel et de la terre, un homme qui a eu bien de l'esprit, un pauvre diable que nous avons tous connu dans le monde littéraire de Paris, un écrivain qui se nommait Louis Lulli, quand il faisait de la littérature et de la poésie.

La maison habitée par Louis Lulli, dans le village de Saint-Pierre-de-Lubis, est toute petite ; mais elle est propre, fraîche, luisante, comme la plus jolie habitation hollandaise ; elle est toute verte au dehors, toute blanche au dedans ; l'on a voulu qu'elle fût si modeste.

qu'on l'a jetée discrètement dans une corbeille de fleurs, de pampres et de verdure; les paysans de l'endroit l'ont surnommée LA VIOLETTE, sans doute parce qu'elle se cache et qu'il la faut chercher longtemps.

Quand on arrive au bout du sentier qui conduit presque au seuil de cette chaumière, on regarde attentivement sans rien voir : pas plus d'habitation qu'au milieu d'une forêt vierge du Brésil ! mais, si vous marchez quelques pas à votre droite, vous apercevrez bientôt, à travers la découpure des arbres, une véritable cachette, une espèce de tombeau où l'on vit si bien, si calme, si heureux, où l'on vit tout seul !... A votre approche, au moindre bruit de vos pas les plus légers, mille oiseaux s'envoleront devant vous, tout étonnés, tout effrayés, parce que vous les aurez surpris dans un accès de molle paresse, ou dans un élan de joie amoureuse.

Des fleurs et du soleil embellissent, du matin au soir, l'intérieur de cette petite maison. — Les deux seuls meubles que Louis Lulli ait empruntés au luxe de la ville sont un piano et une bibliothèque: il a toujours sur son piano les leçons de Bertini, les études d'Hérold et les mélodies de Schubert; sa bibliothèque n'est point riche, mais c'est là une pauvreté dont il a su faire une richesse et un bonheur, elle l'oblige à relire ce qu'il a lu cent fois déjà, et cette façon de ruminer un bon livre, si l'on peut s'exprimer ainsi, n'est jamais sans profit ni pour l'écrivain, ni pour le lecteur : on croirait que le génie de l'un s'accroît avec l'intelligence de l'autre.

Dans ce Panthéon littéraire, qu'il s'est donné à petits frais, Louis Lulli a eu le bonheur de trouver trois amis intimes, qu'il aime, qu'il respecte et qu'il admire; trois infatigables causeurs qui lui parlent des grandes choses qu'ils ont faites ; trois hommes de génie que l'on appelle Montaigne, Voltaire et Jean-Jacques Rousseau, c'est-à-dire la raison, l'esprit et le cœur.

Avec ces trois amis qui causent si bien, Louis Lulli ne s'ennuie jamais, et il les provoque toujours à causer ; seulement quand il lui arrive de souffrir encore en les écoutant, parce qu'il se souvient, il les quitte, il leur souhaite le bonsoir, et il prend la bible de sa mère.

Louis a raison : la bible, c'est le livre de la douleur, de l'espérance et du sentiment ; chacune de ses pages se colore d'un rayon de l'indulgence divine qui nous réchauffe, nous console et nous élève; c'est le livre de tout le monde, et mieux encore du monde qui souffre, qui regrette et qui pleure; c'est le confesseur et le médecin de l'âme, toujours un remède et une absolution à la main! Louis Lulli a besoin d'être absous de bien des fautes et guéri de bien des douleurs.

Lorsque je demandai à Lulli, — il n'y a pas longtemps de cela, — dans sa modeste cellule de la *Violette*, de quelle façon étrange, mystérieuse, une main invisible lui avait coupé ses ailes de poète pour l'obliger à marcher dans les broussailles des chemins de traverse, il me répondit en essuyant une larme :

— Laissez-moi prendre la bible! il me semble que l'âme de ma mère se glisse, pour me consoler, dans les feuillets de ce chef-d'œuvre céleste! Il vous sied de descendre au fond de ma Thébaïde, pour m'interroger et me plaindre? eh bien! laissez-moi d'abord feuilleter la bible : l'âme de ma mère me donnera de la résignation, du courage et de la mémoire. Après tout, cette pauvre histoire, vous la connaissez sans doute : Elle s'est passée dans un triste monde que vous avez habité, que vous avez aimé, et je devine que vous voulez devoir à mes souvenirs le retour de votre première jeunesse.

L'histoire de Louis Lulli est bien simple; il nous la racontera lui-même, et vous étudierez encore, dans ce récit, les tristes et plaisantes misères du 13° arrondissement.

II

Louis Lulli.

« Ami courageux qui daignez m'entendre, me dit en soupirant Louis Lulli, les yeux fixés sur la Bible de sa mère ; dans ma première enfance, ce qu'il y avait de plus curieux dans la petite ville de Dax, la ville la plus sombre, la plus triste, la plus landaise du département des Landes, c'étaient une source thermale et une famille d'honnêtes gens ; la fontaine et la maison dont je parle étaient célèbres dans tout le pays, l'une à cause de sa magnifique gerbe d'eau bouillante, l'autre à cause de son ancienneté et de son honneur.

Laissons là cette source thermale et occupons-nous un peu de cette famille : elle se composait d'un brave homme nommé Lulli, et de treize enfants, ni plus ni moins ; ces enfants étaient adorables : Figurez-vous un essaim de jeunes garçons et de jeunes filles, tous bien venus, bien portants et joyeux, remplis de courage, d'intelligence et de beauté ; ces créatures charmantes faisaient, à coup sûr, toute l'espérance et tout l'orgueil de leur père, comme elles étaient la plus belle parure et le plus beau joyau de la ville. Lulli perdait quelquefois la tête, à force d'amour, d'admiration et d'enthousiasme pour ses treize enfants, qu'il avait la douce habitude d'appeler sa seconde jeunesse et le dernier printemps de son cœur ! Le matin, le soir, toute la journée, sans doute, le pauvre vieillard se prenait à penser, devant Dieu, la sublime prière chantée par le poète :

Seigneur, préservez-moi, préservez ceux que j'aime,
Frères, parents, amis, et mes ennemis même,
    Dans le mal triomphants,
De jamais voir, Seigneur ! l'été sans fleurs vermeilles,
La cage sans oiseaux, la ruche sans abeilles,
    La maison sans enfants !

J'ai peut-être tort de vous le dire... Mais, enfin, il faut bien que je vous le dise : Lulli, qui raffolait de toute sa famille, trouvait encore le moyen d'éprouver une secrète préférence pour le plus jeune de ses garçons; ce petit garçon-là, c'était moi ! Pardonnez-lui cette injustice paternelle, cette tendre et irrésistible faiblesse : Le nouveau Benjamin avait reçu sur son front, dans ses yeux et sur ses lèvres, toute la grâce, tout l'esprit et toute l'aimable douceur de sa mère; l'on eût dit que la pauvre femme avait eu le pouvoir de donner à la figure de son enfant, avec l'empreinte d'un premier baiser, toutes les apparences de sa propre image !

Le père Lulli n'avait-il pas le droit de m'adorer deux fois, d'abord parce que j'étais son fils, et ensuite parce que je ressemblais si bien à ma mère !

Entraîné par cette folle adoration, par cette folle préférence, qui étaient encore un hommage à une personne bien aimée, Lulli se dévoua, trop ardemment peut-être, aux intérêts de mon bonheur et de mon avenir. Au lieu de me destiner à quelque profession utile et modeste, le vieux landais s'avisa de me porter dans ses bras, sur une large et belle route qui devait, disait-il, me conduire, tôt ou tard, dans le monde éblouissant des plaisirs, de la mode, de la science, de la fortune et des honneurs : à l'âge de dix ans, je fus envoyé au collége de Pau ; à l'âge de dix-sept ans environ, je revins dans ma famille qui eut bien de la peine à me reconnaître : l'orgueilleux collégien faisait presque peur à ses frères, qui n'étaient devenus, pendant son absence, que de misérables ouvriers, de misérables manœuvres, de misérables laboureurs ; quelle honte pour un savant en herbe, pour un poète en espérance, pour un petit grand homme de province !

J'étouffais dans cette honnête maison qui n'était plus la mienne ; j'y manquais d'espace, d'air et de lumière ; chaque chose me faisait horreur ou pitié : le langage, les idées, les travaux, les coutumes, tout, jusqu'aux habits grossiers de ces bonnes gens qui m'admiraient en silence, agenouillés devant ma future grandeur ! mon vieux père lui-même me semblait bien simple, bien naïf, bien ignorant ; et mes jolies sœurs, ces belles vierges que l'on enviait à dix lieues à la ronde, n'étaient guère à mes yeux que des grisettes, des artisanes. En revanche, tout ce qui brillait, tout ce qui *reluisait*, même quand ce n'était point de l'or, me troublait les yeux et me tournait la tête. Je me souviens d'une petite circonstance assez étrange : un soir, aux portes de la ville, dans la campagne, j'aperçus une belle dame qu'un vaurien, un rustre, un

misérable voulait embrasser... je me précipitai sur cet homme, sur ce malfaiteur de la joue d'une femme, et j'emmenai mon *héroïne* au milieu des éclats de rire et des huées de la foule. La foule avait raison : cette belle dame était une ancienne villageoise de notre pays! elle arrivait de la grande ville ; elle venait montrer à ses compagnes d'autrefois la ceinture dorée de la vie parisienne. Quand je quittai ma petite ville, ma famille, mon berceau, mon nid, mon bonheur, ma mère, mon oreiller, la conscience d'un enfant pendillait déjà à une ceinture dorée! un beau jour, un triste jour, j'entrai dans Paris, avec la *belle dame* du village, par la porte du 13e arrondissement.

Mon père n'avait pas trop présumé de l'éducation, de l'intelligence, de l'esprit de son dédaigneux enfant; après trois longues années de travail, d'obstination, de découragement et d'inquiétude, je résolus de tenir la promesse que j'avais faite à mes admirateurs de village. A chaque instant, les lettres de ma famille, de mes amis, me suppliaient de devenir un grand homme, et je ne demandais pas mieux que de céder à l'entraînement de ces naïves prières; par malheur, une circonstance prévue ou imprévue faillit tout à coup renverser le poétique échafaudage de mes châteaux en Espagne : trois ans à peine m'avaient suffi pour dissiper une somme considérable, que je devais à l'amour et au désintéressement de ma famille; alors, je me sentis tout effrayé, en me voyant sur un abîme, près de tomber de si haut dans la pauvreté, dans le mépris; pour la première fois, depuis longtemps, je devinai que la maison paternelle pouvait être bonne à quelque chose, et je frappai tout doucement à sa porte; en d'autres termes, j'écrivis à mon père une de ces lettres désolantes et fabuleuses, dont les jeunes femmes et les jeunes gens possèdent seuls l'admirable secret; au bout de quelques jours, hélas ! je reçus la réponse suivante :

« Je t'envoie le produit de dix arpents de terre que
« j'ai vendus à ton intention, mon fils ; tant que je
« vivrai, notre bien commun n'appartiendra qu'à toi
« seul; dispose de notre fortune, de nos bras et de no-
« tre sang; pourvu que tu t'amuses, pourvu que tu

« brilles dans le monde, et surtout, pourvu que tu
« nous aimes encore, nous serons toujours assez
« heureux ! Travaille, travaille, Louis : la gloire de
« ton avenir, c'est notre plus belle espérance, notre
« unique trésor. »

Je me sentis ivre de joie, en lisant cette lettre qui aurait dû m'humilier, me confondre et me tuer ; mais, il faut rendre justice à mon ingratitude : je jurai de faire servir cet argent, ce déplorable impôt de famille, prélevé sur le trousseau nuptial de mes sœurs et sur le patrimoine de mes frères, à la recherche, à la conquête d'une position durable et d'une renommée glorieuse ; à ceux qui me suppliaient de devenir un grand homme, je voulus répondre en devenant un grand poète, et je composai secrètement un poëme, intitulé : *Le Dix-neuvième Siècle !*

Je suis mort pour la littérature, pour la poésie, et j'ai presque le droit de prononcer mon éloge littéraire : quoiqu'elle soit encore inédite, vous connaissez, ami, cette singulière et vigoureuse épopée, qui devait être en même temps la satire la plus énergique et la comédie la plus plaisante de notre époque ; livre étrange, qui me semblait rappeler, à chaque page, toute la colère désespérée de Gilbert et tout l'esprit impitoyable de Voltaire! Dès ce moment, dans mon ambitieuse pensée, la France, l'Europe, le monde allaient compter un noble écrivain de plus, et le nom de Louis Lulli devait prendre place sur le blason contemporain des royautés poétiques! Le gouvernement accorderait une pension au jeune poète, les éditeurs lui paieraient, d'avance, des chefs-d'œuvre inconnus, enfants mystérieux qui sommeillaient encore dans les bras de leur mère, la folle du logis ; la peinture s'empresserait de reproduire mes traits, qui n'étaient pas beaux, et la vogue parisienne n'oublierait point de me pousser à la hâte dans les salons de tous les mondes de Paris, au milieu des illustrations les plus brillantes de la littérature, de la science, des beaux-arts, du théâtre et de la politique; quelle joie, quel honneur... et quelle infortune d'illusion pour Louis Lulli!

Le poète inédit adressa des exemplaires manuscrits de son poème à sa ville natale, à l'Académie du département, à ses amis et à sa famille : en revanche, la ville de Dax lui décerna une récompense publique; l'honnête Académie de Mont-de-Marsan l'admit, à l'unanimité des votes, au nombre de ses illustres membres anonymes ; ses amis lui envoyèrent, par la poste, des félicitations gasconnes, des fautes de français et des barbarismes; son père lui envoya quatre nouveaux arpents de terre, qu'il venait de vendre, et le curé de l'endroit lui donna sa bénédiction par-dessus le marché.

Il faut rendre justice à un de mes anciens amis, qui ne m'aimait pas et qui me haïssait peut-être : après avoir lu mon poëme, il me conseilla de composer des vaudevilles et d'écrire des feuilletons; il étala, devant moi, un véritable pays de Cocagne littéraire : je brûlai ma satire, et je me glissai, du lit de colère de Gilbert, dans le monde tolérant de la littérature et de la comédie faciles. J'avais cessé d'être un poète ; mais je fouillais dans mes poches qui n'étaient plus vides, et j'y trouvais de l'or ; j'avais déchiré les lanières du satirique, mais je me voyais presque riche, riche au jour le jour, et il me semblait que j'étais heureux.

Rien ne manquait à mon bonheur... je me trompe, quelque chose manquait à mon bonheur malheureux... bien peu de chose, à vrai dire, un enfantillage, le trésor le plus vulgaire, le bien le plus facile, le plus commun qui soit au monde : ce que je voulais tout simplement, ce qui me manquait encore, c'était une femme parfaite ! Vraiment, oui, rien que cela... Une femme jeune, spirituelle et jolie, douce peau, douce humeur et douce haleine ; une tendre compagne qui eût à la fois de la beauté, de l'imagination, du dévoûment et toutes sortes de grâces.

Eh bien ! je m'avisai de me mettre à la recherche d'une semblable merveille, de salon en salon, de bou-

doir en boudoir; et à la fin, au lieu de rencontrer la femme accomplie que j'avais besoin d'aimer, je trouvai je ne sais quelle créature qu'il me fallait haïr en l'adorant! Elle se nommait Claudine Muller : c'était une petite personne, ni blonde ni brune, assez jolie quoiqu'elle fût laide; méchante, mais passablement spirituelle; folle presque toujours, et raisonnable quand elle n'avait rien de mieux à faire; originale, élégante, capricieuse jusqu'à l'exagération de l'extravagance.

Dans un certain monde, l'on prêtait à Claudine Muller des idées bizarres, des fantaisies étranges, et Claudine avait à cœur de réaliser les sottises et les caprices que l'on daignait lui prêter : elle eut de mauvais chevaux de louage, pour se donner en spectacle sur le théâtre de nos promenades, affublée d'un singulier costume qui ressemblait à un véritable déguisement; elle coupa, sans trembler, les tresses de sa chevelure déjà fort équivoque, pour se coiffer horriblement, comme se coiffent les hommes; elle porta des bottes, au risque de briser ses petits pieds; elle ajusta de grands éperons à ses petites bottes, au risque de faire un grand bruit avec ses petits pas; elle se condamna à *ingurgiter* le vin de champagne, comme disent les viveurs d'aujourd'hui, au risque de s'enivrer et de souffrir ; et pour tout dire, enfin, elle consentit à fumer, oui, à fumer! au risque de s'évanouir dans les parfums exécrables et dans la fumée horrible du tabac! Voilà donc la femme que Dieu m'ordonnait d'aimer, pour m'éprouver, pour me punir.

La muse du poète, déjà meurtrie par le vaudeville, déjà salie par le feuilleton, n'avait plus qu'à mourir dans la honte, sous les pieds de Claudine; la prose allait étouffer, dans les bras d'une femme, toute la poésie de ma conscience; le vice allait achever, sur ma bouche, le génie plébéien qui aurait pu illustrer le nom de Louis Lulli !

D'ordinaire, les femmes que nous devons aimer un peu nous plaisent tout de suite ; les femmes que nous devons beaucoup aimer nous déplaisent presque toujours, à la première vue. Claudine Muller m'avait d'abord inspiré une secrète répugnance, de la frayeur, du dédain, presque de la haine !... Claudine, habituée à vivre dans la crainte de Dieu et dans l'amour du prochain, se crut obligée, par un scrupule de sa conscience facile, à me pardonner mon aversion, mon injustice. Je finis par m'agenouiller à ses pieds, sans savoir pourquoi, en un clin d'œil, comme par enchantement, — et ce fut là une de ces liaisons intimes qui commencent entre une femme qui ressemble déjà à *Manon Lescaut* et un homme qui ne ressemble pas encore à *Desgrieux*.

III

Claudine Muller.

« Quand je n'avais encore que dix-sept ans, des illusions et des espérances, Dieu daigna m'envoyer un premier amour, un amour romanesque, une de ces belles passions tout-à-fait allemandes, qui vivent de peu de chose... d'un seul regard, d'une seule parole, d'une larme, d'un baiser, d'un souvenir! Aux hommes qui ont déjà aimé, il faut, en amour, des événements, des scènes extraordinaires, de grands drames, tout l'étalage pompeux des joies et des souffrances extérieures; aux enfants qui aiment pour la première fois, il faut le calme, le silence, les nuages et la rêverie! Les uns sont bavards, hardis, entreprenants; les autres ne savent ni parler, ni agir, et ils n'osent point oser. Chacun aime, souffre, et désire, ici-bas, à sa manière : les hommes aiment en prose, les enfants aiment en vers ; presque toujours, chez les premiers, l'amour a quelque chose de vulgaire, de mondain et de terrestre; chez les seconds, au contraire, pauvres diables du royaume des rêves, l'amour a horreur des passants et de la boue des sentiers humains : c'est un ange, c'est un pur esprit, c'est un dieu qui effleure le monde sans y prendre garde, qui s'élève, qui s'envole dans l'espace, pour se laisser aller, pour se laisser vivre tout doucement entre le ciel et la terre; il me semble que l'on pourrait s'écrier, en parlant d'un premier amour, comme le poëte s'écrie en parlant de la légèreté si légère de l'oiseau :

Et même quand il marche, on sent qu'il a des ailes!

Mon cœur et mon esprit ont passé par ces deux amours : A dix-sept ans, j'aimais; plus tard, j'étais amoureux ; ce n'est pas là tout-à-fait la même chose.

Mon affreuse passion pour Claudine Muller est née de moi-même. Le premier amour vient de Dieu, qui dérobe ainsi à notre cœur les prémices du sentiment et de la poésie ; le second amour ne vient jamais que de celui qui l'éprouve. En pareil cas, la personne que l'on croit aimer devient tout-à-coup une perfection que l'on adore : on lui prête des grâces inconnues, des charmes nouveaux et des qualités fabuleuses ; on aime les défauts quelle a sans doute, et les vertus qu'elle n'a pas ; on ne voit plus une femme : on l'imagine ; on ne juge pas ce qu'elle est, mais ce qu'elle pourrait être ; on cesse de penser pour mieux sentir, et le caprice du roman donne des illusions à l'histoire.

Figurez-vous qu'un soir, dans les coulisses d'un théâtre de Paris, comme je venais de quitter de joyeux convives qui m'avaient flatté à grands frais de vin de champagne, j'abordai une comédienne qui n'avait de remarquable, en apparence, que sa toilette ; je lui dis en chancelant : « Eh bien ! ma chère, quand nous donnes-tu à souper ? » L'actrice répondit, en me montrant du bout de son petit gant parfumé : « Qui est-ce donc qui a grisé cet enfant ? »

Cette réponse me dégrisa complètement, et je présentai mes excuses à Claudine Muller. J'oubliai cette femme qui m'avait déplu, qui m'avait presque effrayé, à la première vue. Elle s'en alla courir la province, sur le chariot de quelque nouveau *roman comique*, et je ne la retrouvai dans Paris que deux ans plus tard.

Un jour, des hommes de lettres, des auteurs dramatiques, des artistes, voulurent se donner à eux-

mêmes un dîner et un bal par souscription : cette fête devait avoir lieu à Versailles ; l'on y convia, avec une galanterie intéressée peut-être, des actrices, des femmes assez jolies et un peu publiques. Je luttai, sans le savoir, contre ma destinée : Le jour de la fête dont je parle, je résolus de rester à Paris, et j'y restai courageusement jusqu'à trois heures ; à trois heures et un quart, en passant dans la rue de Rivoli, j'aperçus une gondole qui partait pour Versailles ; le démon me tenta : je montai dans cette voiture, qui allait commencer à me faire faire un triste voyage autour d'une femme, et je tombai, à six heures, dans une salle de l'*hôtel du Réservoir,* au milieu de mes amis qui en étaient déjà aux préliminaires des hors-d'œuvre.

Je cherchai des yeux une place autour de la table, et j'allai m'asseoir tout près d'une femme, d'une actrice que je reconnus, hélas! tout de suite. Claudine Muller me dit en souriant : « Vous grise-t-on encore? » — Je me rappelai mon impertinence, et j'essayai de la réparer avec une niaiserie : « Non, lui répondis-je, mais je ne demande pas mieux que de me laisser enivrer par vous. »

Dieu m'est témoin que je ne pensais ni un mot, ni un geste, ni un regard, ni un sourire de ma galante sottise ; je ne songeais guère à puiser à la coupe amoureuse d'une pareille Hébé : ma sotte fadeur m'a coûté cher !

Comme il y avait beaucoup de gens d'esprit à notre table, le festin ne fut pas spirituel du tout.

Après le dîner, on dansa dans le jardin de l'hôtel : on y dansa fort plaisamment le pas des Bayadères.

Claudine me força de danser avec elle ; elle me traîna dans un quadrille... elle me traîna en guise de boulet, à charge de revanche ; la revanche devait durer trois ans !

Quand il fut question de retourner à Paris, je me décidai à partir dans une gondole ou dans un wagon : Claudine m'offrit une place dans son carosse de louage ; nous étions quatre dans cette voiture : trois hommes d'esprit, et une femme qui commençait à me sembler spirituelle. De Versailles à Paris, nous fûmes assez niais tous les quatre : mes deux confrères, mes deux compagnons de voyage, adressaient de vilaines sornettes à notre nouvelle amie ; moi, je comptais les étoiles, et Claudine ne disait mot, plus tard, j'ai su qu'elle m'avait beaucoup regardé, parce que la lune donnait à mon visage quelque chose d'original et d'affreusement poétique.

Notre rentrée dans Paris fut triomphale : on avait illuminé l'arc-de-triomphe de l'Étoile et toute l'avenue des Champs-Elysées; le temps était superbe; la foule était immense : on célébrait je ne sais plus quelle fête nationale ou monarchique. Les gardes municipaux s'avisèrent d'arrêter notre voiture; Claudine se mit à leur crier, de sa voix la plus solennelle : *Madame la duchesse de Dino!...* Les gardes laissèrent passer aussitôt la noble nièce de M. de Talleyrand et *sa société*.

Claudine voulut être grande dame ou bonne fille jusqu'au bout : elle daigna nous inviter à prendre des glaces dans son salon, rue des Pyramides; mes deux amis acceptèrent son offre, pour eux d'abord, et pour moi par-dessus le marché.

A minuit, à une heure du matin, nous fumions encore, en babillant, sur une terrasse, au clair de la lune qui continuait à flatter ma triste figure; des trois convives de cette galante soirée, moi seul j'étais muet, et je ne pris la parole que pour démontrer comment un cigare dispensait un homme, sans lui donner le tort d'une impolitesse, de bavarder avec des bavards.

La fraîcheur de la nuit nous chassa de la terrasse; Claudine se jeta, se laissa tomber, avec une certaine coquetterie, sur un lit qui ressemblait à une longue corbeille de dentelle; elle m'adressa tout-à-coup une singulière question :

— Croyez-vous, me dit-elle, qu'une jeune femme ait le pouvoir de se faire aimer, en offrant à un jeune homme ce qu'il n'ose point encore lui demander?

La réponse était embarrassante; je répondis, avec une hésitation qui était presque de la pudeur :

— La femme que nous aimons est déjà certaine de notre amour, lorsque nous commençons à peine à le connaître ou à le deviner; si une femme cédait à la passion qu'elle inspire, tout naturellement, sans marchander, il me semble que cette femme serait adorée. En amour, surtout, ce que l'on perd ne se retrouve jamais; les femmes que l'on courtise ne sont pas assez économes de notre imagination : leur coquetterie nous ruine d'avance, et quand le bonheur arrive, il ne trouve plus rien à dépenser.

— Où pensez-vous que les femmes aient le cœur?

— Dans les yeux et sur les lèvres.

Nos deux auditeurs ne comprenaient rien à ces fadaises sentimentales.

— Croyez-vous au magnétisme? reprit Claudine.

— Je crois à la sympathie.

— S'il vous plaisait de m'endormir, et de m'appeler à vous, par la grâce de votre volonté, réussiriez-vous à me soulever sur ce lit, à m'attirer dans vos bras, à provoquer un de mes baisers, durant mon sommeil?

— C'est selon..... quelle est votre manière de dormir? il y a de jolies dormeuses qui sont parfois tout éveillées.... Voulez-vous essayer du magnétisme?

A ces mots, je la regardai fixement; je passai ma main sur ses yeux, et soudain, elle eut la bonté de les fermer; je feignis de vouloir l'appeler à moi...... elle se laissa conduire, et le magnétiseur lui prit un baiser.

Elle rouvrit les yeux presque aussitôt; elle me dit, en faisant mine de se réveiller :

— C'est bien étrange...... vous m'avez endormie!

— Avez-vous rêvé?

— Oui, murmura-t-elle avec la gracieuse naïveté d'une comédienne, j'ai rêvé que vous m'embrassiez... Le magnétisme est une chose singulière et charmante !

Mes deux amis commençaient à comprendre le petit mystère dont il s'agissait, entre une jeune femme qui ne m'aimait pas et un jeune homme qui n'aimait guère cette femme ; ils saluèrent Claudine Muller et me dirent : à demain !..... absolument comme si j'avais été le maître de la maison : je ne l'étais pas encore.

Enfin, me voilà seul avec Claudine.

— Mon cher hôte, me dit-elle, permettez-moi d'user, en votre faveur, d'une petite formule espagnole : *Esta casa es de usted*, cette maison est à vous.

— Tout compris ? lui demandai-je.

— Comme il vous plaira.

Claudine disparut en chantant.... Discrétion charmante ! Je profitai de son absence pour me regarder devant la glace d'une toilette, pour me peigner le plus coquettement du monde, pour m'inonder de parfums, à la façon d'Alcibiade chez Aspasie ; elle eut peut-être le tort de se faire attendre, mais je ne perdis rien pour l'avoir attendue......

Le lendemain, en me quittant, Claudine me souffla bien bas à l'oreille : — Je ne veux pas gâter mon aventure; je ne vous reverrai jamais ! — Vous avez raison, lui répondis-je.

J'entrai chez Mme Prévôt, la fleuriste du Palais-Royal, pour acheter un bouquet splendide, à l'intention de Claudine, et je glissai parmi les fleurs un petit brin de papier qui contenait ces mots au crayon : *Celui d'un jour.*

Au bout de quatre mois, j'avais obtenu à grand'peine, de Claudine, le droit d'acheter pour elle huit bouquets de fleurs épanouies; huit bouquets ! n'est-ce pas beaucoup obtenir, de la galanterie distributive du caprice ?

Un beau jour, ou plutôt, un vilain jour, Claudine disparut tout à fait de l'édredon parisien : Elle s'en était allée, je ne sais où, dans un village, dans un bois, dans un jardin, dans un nid de verdure!... Chaque matin, je me présentais sur le seuil de sa porte, et une femme de chambre me répondait sans cesse : — Elle vient rarement à Paris ; mais je lui envoie tout ce qu'on lui destine.

Je me décidai à écrire une longue lettre à Claudine; plaignez-moi! ce fut là ma première et ma plus grande faute! ce fut là le premier grain de mon chapelet d'amour, le premier anneau de cette lourde chaîne que j'ai forgée moi-même! Ecrire amoureusement à une femme que l'on n'aime pas encore, c'est le secret, c'est le grand art de se rendre amoureux : On trouve la passion, en cherchant les mots qui doivent l'exprimer. L'homme qui écrit des lettres d'amour, quand il a du cœur, de l'imagination et de l'esprit, est un insensé fort à plaindre : Il faut désespérer de sa raison ; que de peine l'on prend et que de mal on se donne, en pareil cas, pour se rendre malheureux en conscience!

IV

Les lettres d'amour.

« Si les lettres d'amour sont un grand mal, pour celui qui les adresse à une femme qu'il n'aime pas encore, elles ont quelquefois le galant avantage de vaincre l'indifférence, le dédain et le mépris : souvent, les femmes adorent la passion qu'elles inspirent ou qu'elles se flattent d'avoir inspirée ; les coquettes devraient se méfier de l'amour qu'elles nous donnent, de peur d'aimer, tôt ou tard, leur propre ouvrage.

Les lettres amoureuses peuvent servir à faire deux

dupes : l'amant qui les écrit et la maîtresse qui les reçoit. Lorsqu'il me plaisait d'écrire amoureusement à Claudine, je me prenais à rêver, en murmurant avec l'orgueil d'une secrète espérance : le plus beau miracle de la passion, c'est de tuer la coquetterie! — Je ne soupçonnais pas, malheureux ignorant! que la plus affreuse coquetterie d'une femme, c'est de nous faire croire qu'elle a cessé d'être coquette.

Quand je relis mes lettres d'amour à Claudine, la lecture de ces fadaises sentimentales me fait retrouver tous les petits événements, les petites choses, les petites douleurs, les petites joies qui les avaient provoquées. Dans chaque ligne de cette correspondance galante, j'aperçois une de ces ficelles de plomb et d'argent, qui ont servi à forger la chaîne amoureuse dont mon cœur et mon esprit gardent l'empreinte; je les ai relues plus d'une fois, afin de bien juger à quelles sottises du sentiment tiennent le repos, le bonheur et la liberté d'un honnête homme!

Voici toutes les vilaines lettres que j'écrivais à Claudine, en oubliant que j'étais un homme de quelque esprit; j'en prends deux ou trois, au hasard, et vous apprécierez!

« Octobre.

« Votre nouvelle absence vient de me donner l'heure la plus triste et la plus délicieuse de ma vie : ce matin, j'ai frappé à votre porte ; j'ai demandé à votre femme de chambre la permission de vous écrire dans votre boudoir, sur votre petite table de laque, avec votre papier, avec votre plume.

« Je me croyais chez moi, Claudine, et j'ai eu l'audace de parcourir votre appartement tout entier ; je me suis précipité dans votre jolie cellule de nuit ; j'ai contemplé votre portrait qui n'a pas eu l'air de me reconnaître, et l'ingrat a reçu mes baisers sans me les rendre !

« J'ai visité toutes vos chambres : personne ! J'ai essayé de découvrir çà et là, dans tous les coins, sur tous les meubles, un chiffon, une épingle, un lambeau de ruban, un brin de ce désordre qui révèle la présence d'une femme et la vie qu'elle donne à tout ce qu'elle touche !

« Hélas ! Claudine, votre bel appartement est toujours bien riche, bien tenu, bien brillant ; tout y est à sa place ; rien n'y manque : il n'y a là qu'une femme de moins !

« Je crois qu'en me voyant pleurer, votre Marinette s'est mise à rire, et il me semble que vos meubles ont craqué dans le salon, sans doute pour se moquer de moi!

« Quelle douleur! il me faut passer encore des jours et des nuits, sans vous revoir; tous ces grands hommes n'ont jamais aimé, puisqu'ils n'ont pas inventé l'art de dévorer les distances, le moyen de voyager autrement que sur la terre et sur l'eau! Pourquoi donc y a-t-il des nuages dans le ciel, si ce n'est pour y monter, pour voler dans l'espace, pour retrouver un peu plus vite ce que l'on désire et ce que l'on aime?.... Adieu. »

« Je me suis levé ce matin avec un peu de fièvre ; mais cette fièvre m'a valu un joli rêve que je m'en vais te dire, et que tu ne répéteras à personne.

« Le soleil venait de se coucher dans son beau lit de lumière et d'argent : un voyageur s'assit, en pleurant, aux pieds d'un arbre, afin de pouvoir pleurer tout à son aise; ce pauvre voyageur, c'était moi.

« Comme il était fatigué de pleurer, il s'endormit; comme il dormait à merveille, il rêva. — Il y avait tout près de lui, au-dessus de sa tête, à côté de l'arbre, une vierge en bois blanc, placée dans une niche de plâtre : le rêveur crut voir cette belle madone s'agiter et se pencher tout doucement pour lui parler ; elle parla :

« — Qui êtes-vous ? demanda-t-elle bien bas.

« — Moi ?... je ne suis que l'amoureux de Claudine !

« La vierge fit un petit geste, et je devinai qu'elle nous connaissait tous les deux ; je pris à deux mains tout mon courage, et j'osai l'interroger à mon tour :

« — Sainte Vierge, vous qui devez tout savoir, savez-vous si Claudine m'aime encore ?

« Elle me répondit un seul mot... un *oui* ou un *non* ; mais le vent, qui s'était glissé dans le feuillage, emporta le mot de la sainte vierge ; je continuai :

« — Que fait Claudine en ce moment ? où est-elle ? que dit-elle ? à qui pense-t-elle ?

« La bonne vierge se mit à sourire.

« — Enfant, me répondit-elle, je ne suis pas infaillible quand il s'agit des femmes ; en pareil cas, Dieu le Père, Dieu le Fils, et Dieu le Saint-Esprit lui-même, ne sont pas plus infaillibles que moi ; la femme est la seule créature qui ait trouvé le moyen de nous tromper.

« — Hélas! murmurai-je, voilà qui est bien rassurant!

« — A l'heure qu'il est, reprit la vierge, je crois que Claudine s'ennuie.

« — Quel bonheur... elle pense à moi!

« — Claudine s'ennuie, et comme il fait déjà nuit, elle va se coucher...

« — Seule?...

« — Non... avec toi! Il me semble la voir d'ici...

« — Sainte Vierge, vous êtes bien heureuse!

« — Elle marche dans sa petite chambre que tu connais si bien; elle se déshabille: la voilà déjà prête: elle se couche.

« — Après?

« — Elle pense à toi, elle te parle, et comme tu n'es plus là pour lui répondre, elle éteint sa lumière, elle pose sa tête sur l'oreiller... et bonsoir!

« — Est-ce tout?

« — Votre oreiller à deux est trop large pour elle seule: impossible de dormir! elle t'appelle: personne! Elle ferme les yeux, elle veut dormir: pas de sommeil! Que faire, quand on ne dort pas? Claudine rallume sa bougie; elle écarte mollement les draps qui la couvrent; elle se relève; et afin de bien voir si elle est encore assez jolie pour toi, elle se regarde devant une glace; il me semble qu'elle s'admire, en voyant toutes les choses charmantes qui t'appartiennent...

« — Sainte Vierge, faites au moins que je la voie!

« — Non! si tu la voyais, tu en perdrais la tête; garde ta raison pour la perdre plus tard.

« Et je me suis réveillé soudain, en murmurant : N'est-ce qu'un rêve?... un beau rêve.

« Claudine, je voudrais qu'il fût possible d'endormir la femme que l'on aime: Tu dormirais toujours pendant mon absence. »

« Claudine, voici fidèlement tous les jours de cette affreuse semaine que j'ai passée bien loin de toi, au bout du monde.

« Lundi, je suis arrivé à Mont-de-Morsan. J'ai bien pensé à toi, tout le jour, suivant ma bonne habitude; j'ai dormi, toute la nuit, dans tes bras, suivant ma douce faiblesse.

« Mardi, en m'éveillant, j'ai commencé par être jaloux : ce sont les petits oiseaux qui m'ont donné cette vilaine idée ; nous avons, hélas! des petits oiseaux qui se caressent toujours.

Mercredi, je me suis efforcé de deviner ce que tu dis, ce que tu fais, ce que tu penses : d'abord, tu ne penses pas à moi ; ensuite, tu dis beaucoup de mal de moi ; enfin, tu ne sais faire que ce qu'il faut pour ne plus m'aimer. Je me suis couché très-furieux, très-jaloux, très-malheureux.

« Jeudi, j'ai baguenaudé à la campagne, où j'ai vu mille choses qui te plairaient infiniment, si jamais tu voulais prendre la peine d'y venir, à mon bras. Les lits de la campagne m'ont semblé bien durs, et je me disais que j'avais laissé sur toi, Claudine, le plus beau, le plus doux oreiller de ce monde !

« Aujourd'hui, vendredi, j'ai cloué sans cesse mes yeux sur Paris, mon cœur sur toute ta personne, et mon esprit seulement sur un poème que je compose ; la poésie que j'ai imaginée en te voyant, en t'embrassant de loin, vaut mieux que la poésie que j'ai écrite.

« Demain, samedi, sera le jour de fête de ma

semaine, pourvu que je reçoive un seul mot de toi; sinon, j'attendrai le dimanche pour me reposer comme les malheureux, et, au besoin, je m'étourdirai le lundi comme les ouvriers, — mais dans une ivresse de cœur. »

V

Le bloc de marbre.

« Je m'amusai, de cette cruelle et sotte façon, à écrire cent lettres d'amour à une femme dont j'étais amoureux peut-être... je me trompe, — dont j'étais curieux peut-être, mais dont je n'étais pas encore amoureux ; il en résulta précisément ce que je vous disais tout à l'heure : j'aimai tôt ou tard Claudine Muller, et Claudine s'imagina qu'elle avait de l'amour pour ma pauvre personne, parce qu'elle admirait, parce qu'elle adorait ma passion pour elle.

Claudine appartenait à cette classe de créatures

terribles et charmantes, qui réalisent, sans le savoir, une phrase de Mme de Staël : *il n'y a sur la terre que des commencements !* Claudine commençait le plus souvent qu'il lui était possible, et il me vint l'étrange et audacieuse pensée de vouloir l'obliger à finir avec moi.

Oui, ce fut à une pareille femme que j'osai m'attaquer, mon amour et mon honneur à la main ; la passion essaya de venir à bout du caprice ; moi qui avais encore tout mon cœur, je me pris à combattre ce dangereux adversaire, qui n'avait que tout son esprit ; Claudine était déjà presque vieille, à force d'avoir vécu en peu d'années : Je me promis de la rajeunir par le prestige de mon imagination ; Claudine avait bien souffert quelques fois : Je me promis de la consoler par mon dévouement ; Claudine avait essuyé bien des propos, bien des injures, bien des attaques horribles : Je me promis de la venger de tous ses ennemis, de la protéger, de la défendre, en mettant aux yeux du monde toute ma gloire dans mon amour ; il me semblait possible, il me semblait facile de réaliser le prodige le plus délicieux de la fable : J'allais entreprendre une tâche céleste ; j'allais m'efforcer de tailler dans ce bloc d'argile que je prenais pour du marbre, dans ce bloc de chair qui portait le nom de Claudine, une statue presque divine, une merveille incomparable, la

galanterie changée en amour, le caprice métamorphosé par la passion, l'esprit régénéré par le cœur, la matière animée par le sentiment ! Je me croyais un dieu :

de rien, je voulais faire quelque chose ; je voulais créer, à mon tour, en ressuscitant, en transfigurant une femme ! — N'était-ce pas là, je vous le demande, un chef-d'œuvre tout à fait impossible ?

Désormais, me disais-je, à quoi bon la littérature, les beaux-arts et la poésie, pour le faible et crédule amoureux de Claudine ? A quoi bon cette inutile fumée que l'on appelle la gloire, et tout ce bruit étourdissant que l'on appelle la renommée ? A quoi bon s'égosiller, à force de chanter le ciel et la terre ? est-ce que les anges et les oiseaux ne sont pas là ?... Que veulent dire la réputation, les honneurs et la popularité ? est-ce que le monde n'est pas tout entier sur un oreiller, et l'avenir le plus brillant dans le cœur d'une maîtresse bien-aimée ? Que signifient les espérances brisées de mon vieux père, les larmes secrètes de ma pauvre mère, la douleur de toute ma famille ? est-ce donc que je suis forcé de leur envoyer des trésors, de les inonder de fleurs et de couronnes ? Enfin, que m'importe de vivre un jour dans la mémoire des hommes, pourvu qu'on me laisse vivre dans les bras d'une jolie femme ? laissez-moi donc sommeiller et rêver dans une étreinte amoureuse de ma Claudine : le lion endormi se réveillera, tôt ou tard, sans crinière, sans courage et sans force, battu, humilié, meurtri et muselé.

Un jour, un visiteur que je connaissais bien, un

homme qui personnifiait l'Argent, vint frapper à la porte de Claudine : J'avais obtenu, depuis quelques heures, le droit de le recevoir et de l'éconduire ; l'amour ouvrit donc la porte et il dit à l'argent : Claudine n'est point chez elle... Claudine ne veut point y être !...

J'avais compté sans le courage que le dépit et la colère peuvent donner à l'Argent, lorsqu'il en est réduit à renoncer à une mauvaise habitude : Il voulut se battre, et le maladroit me donna un coup d'épée ; j'avais pourtant promis à une femme de tuer cet homme !

Je me sentais si fier et si heureux de ma blessure, de mon égratignure, que je priai mes témoins de me faire porter non pas chez moi, dans mon lit, mais jusque dans les bras et dans le lit de Claudine !

Une fois guéri, je parlai tout de suite à ma statue, à mon chef-d'œuvre.

Le premier coup de ciseau, le premier coup d'ébauchoir que je frappai sur mon bloc de marbre, me sembla réussir à merveille : l'on eût dit que le chef-d'œuvre commençait à laisser voir, çà et là, des détails charmants, des contours délicieux, des lignes d'une délicatesse exquise. L'amour et la paresse m'avaient rendu pauvre : Claudine voulut être pauvre comme moi, ou, du moins, elle essaya de le paraître; dès ce moment, adieu la galanterie, le scandale, les chevaux, les adorateurs, les bottes, les voitures, les bouquets et les caprices! C'en était fait : adieu tout le luxe, toutes les prodigalités, toutes les folies d'autrefois!... salut à Madeleine, pécheresse amoureuse et repentie!

Quand elles aiment ou quand elles croient aimer, les femmes galantes ont des capitulations de conscience et des finesses ravissantes : Claudine eut à cœur de cacher, à mes yeux, la moindre trace, l'empreinte la plus légère, le souvenir le plus frivole des amours, des fautes et des erreurs de sa vie passée; ses meubles les plus rares, ses bijoux les plus précieux, ses étoffes les plus somptueuses et les plus coquettes, — elle échangea, elle vendit, elle donna tout ce qu'elle possédait, c'est-à-dire tout ce qui pouvait lui rappeler, aussi bien qu'à moi, de tendres faiblesses, des présents équivoques, une opulence douteuse, une jeunesse un peu hasardée. Elle s'avisa de brûler, un jour, devant moi, des actions d'un chemin de fer qu'elle devait à une galanterie de S. M. l'Argent; à vrai dire, ces actions ne valaient plus rien. Claudine,

dès ce moment, avait une joie extrême à se couvrir de vêtements d'une modestie sans pareille; elle affichait à plaisir des goûts, des habitudes, et une toilette d'une simplicité qui la rendait encore plus originale, plus piquante, plus jolie; si parfois j'osais la gronder, à propos d'une robe trop négligée, d'un ajustement trop facile, d'une parure trop commune, elle me répondait en m'embrassant : « Travaille, aime-moi toujours, et deviens riche... Je me ferai plus grande dame et plus belle ! »

Claudine n'avait plus à ses pieds ni amis, ni flatteurs, ni esclaves; elle était humble et modeste; elle avait déposé sa couronne et ses oripaux de théâtre; elle avait renoncé à l'empire des sens et de l'esprit; elle avait cédé en détail les dépouilles opimes de sa galante royauté; elle croyait à quelqu'un et à quelque chose: elle était déjà presque une femme!

Un jour, je m'avisai de dire à Claudine, dans les premiers beaux temps de notre vie maritale:

— Te souvient-il de ta promesse et de la mienne? N'avons-nous pas juré de nous aimer toujours, de vivre l'un pour l'autre et de mourir ensemble? Eh bien! je te le demande, amie: un pareil amour est-il facile, est-il possible, au milieu de ces médisants qui nous ennuient et de ces calomniateurs qui nous fatiguent?... Bon gré, mal gré, il nous faudra donner à la médisance, à la calomnie, des regards et des paroles que nous volerons à notre bonheur; à Paris, nos journées perdront la moitié de leurs heures, et nos heures la moitié de leurs minutes; nous vivrons encore avec notre amour: mais nous vivrons aussi avec la galanterie qui nous menace, et rien que d'y songer, amie, j'ai déjà peur de ce ménage à trois!

— Mon Dieu! me répondit Claudine, le moyen d'échapper à ce vilain monde qui veut nous prendre la moitié de notre temps et de notre amour?...

— Claudine, si je t'emmène bien loin, si je m'envole avec toi, ton cœur tremblera-t-il de crainte, de regret, dans l'isolement et dans le silence ? auras-tu le courage de vivre en aimant toujours, en te laissant toujours aimer, au fond d'une retraite bien cachée, invisible... Un nid de fleurs que je veux appeler notre Thébaïde amoureuse ?

— Mon ami, me demanda Claudine, qu'est-ce donc qu'une Thébaïde ?

— C'est une douce et profonde solitude, que Dieu visite quelquefois quand elle est habitée par un chrétien, et que l'Amour visite sans cesse quand elle est habitée par deux amants ; la Thébaïde villageoise dont je te parle sera, pour nous, un paradis dans un désert !

— Louis, s'écria Claudine, où il te plaira d'aller, j'irai ; je t'ai donné ma vie tout entière : garde-la et partons !

La Thébaïde n'était pas loin : elle se cachait dans le plus joli village de la Touraine ; Claudine et moi, nous partîmes, bras dessus, bras dessous, en disant adieu à nos amis et à nos ennemis. Le 13ᵉ arrondissement s'efforça de nous suivre et de nous effrayer... mais nous marchâmes si vite, qu'il s'arrêta bientôt sur le bord de la grande route ; il rebroussa chemin, en souriant de pitié, en murmurant peut-être : « Ils s'en vont, avec le beau temps, aux premiers jours de la lune de miel... Ils reviendront, avec la pluie, aux premiers jours de la lune d'absinthe ; la passion nous les enlève. . la satiété nous les rendra ! »

VI

La Thébaïde.

« Je m'en souviens encore, comme s'il s'agissait de mes paroles de la semaine dernière.... Je disais quelquefois à Claudine, en m'agenouillant à ses pieds, dans les fleurs de notre thébaïde profane :

— La galanterie, qui naît d'ordinaire, non pas d'une pensée profonde mais d'un mot équivoque, non pas d'un sentiment mais d'un désir, ne comprend rien à ce besoin de souffrir que l'on appelle *aimer*;

je suis sûr qu'il n'y a pas en France, à l'heure qu'il est, dix personnes véritablement amoureuses : par les petits intérêts qui ravagent le monde d'aujourd'hui, les grandes passions sont aussi rares que les grands hommes; lorsque Dieu découvre dans l'ombre, dans le mystère, un amour vrai, un amour qui aime, n'est-ce point là une douce découverte, un spectacle plein de charme, qui doit ravir celui qui crée les amours?

L'égoïsme à deux n'était pas difficile dans une retraite qui ressemblait à une jolie maison de plaisance; la vie ascétique de l'amour commença dans une solitude qui n'avait rien de terrible : Au dedans, le luxe qui est l'ouvrage des hommes; au dehors, les magnificences naturelles qui n'ont été faites que par Dieu; des meubles élégants, du velours et de la soie dans toutes les salles; des arbustes, des prairies, des torrens de lumière dans la campagne. Le soir, nous pouvions lire dans les livres d'une riche bibliothèque; le jour, nous pouvions déchiffrer les pages d'un livre immense que Dieu a écrit lui-même, à travers le ciel et la terre. Dans le salon, le clavier d'un piano exécutait pour nous seuls les merveilles de la mélodie italienne; dans le jardin, d'autres exécutants, de petits musiciens ailés, jouaient des symphonies à grand orchestre, des chefs-d'œuvre d'un compositeur inconnu ; les Pères de l'église n'avaient point deviné la terreur délicieuse, la ravissante désolation d'une pareille thébaïde.

J'avais acheté, à un prix dont je n'ose pas me souvenir, le droit précieux de cacher durant six mois, dans ce nid charmant, le trésor de mon bonheur ignoré.

Quand on aime, quand on est heureux d'aimer, la création tout entière se fait l'amie intime de votre bonheur : elle vous sourit, elle vous parle, elle vous inspire. La poésie, que l'amour imagine pour embellir les défauts d'une maîtresse, lui sert aussi pour embellir tous les objets qui l'environnent : En pareil cas, les gouttes d'eau de la rosée deviennent, pour l'amant-poète, des perles que le jour a semées sur

l'herbe, ou des larmes que la nuit a versées sur la terre; le soleil, qui l'éblouit et le brûle, devient un dieu qui l'éclaire et le réchauffe; les étoiles sont des âmes bienheureuses qui le regardent; les fleurs sont des vierges sensibles, adorées secrètement par les oiseaux du voisinage; tous les paysans portent la houlette enrubannée de Némorin, et il croit voir Estelle dans chaque villageoise qui passe; enfin, tout ce qui vous entoure, crédule amoureux, s'anime, se métamorphose, s'embellit pour vous plaire, pour rendre hommage à votre amour et à votre bonheur; voilà pourquoi les amants heureux qui se souviennent ont toujours des miracles à nous raconter : A beau mentir... qui vient d'aimer!

Claudine et moi, nous n'avions pas une minute à perdre ni à regretter; nous vivions par nous et pour nous seuls. Quand il nous plaisait de nous promener, le bruit de la foule n'était point là pour nous embarrasser et nous distraire; quand il nous plaisait de faire de la musique, de la musique sentimentale, nous avions le droit de pleurer sans être ridicules; si nous lisions quelquefois, c'était dans de beaux livres qui ne renfermaient que de l'enthousiasme et de la passion;

la nuit, si nous veillions un peu tard pour nous parler encore, c'est qu'apparemment nous avions oublié de nous dire quelque chose pendant le jour. N'allez pas nous reprocher de n'avoir été que des parleurs éternels; nous savions nous taire à propos, et nous nous taisions admirablement : En amour, ce qu'on a de meilleur à se dire ne se dit jamais en parlant.

Il arrive souvent à des fanatiques amoureux de renoncer à la vue d'une femme bien aimée, rien que pour avoir le bonheur de penser à elle; Claudine et moi nous étions enchantés de réaliser cette étrange et dangereuse folie : bien près l'un de l'autre, nous nous amusions à jeter entre nous des distances imaginaires, pour donner un prétexte à des billets doux, à de grandes lettres d'amour; nous nous écrivions tous les matins, par une petite poste organisée dans le creux d'un arbre, dans un nid de fauvette; nous imaginions, dans cette singulière correspondance, de voyager à travers l'Europe, afin d'avoir à deviser de mille choses nouvelles; nous avions l'air, la plume à la main, de nous séparer pour toujours, afin de nous retrouver tout de suite, par enchantement; nous pensions aussi, dans ce beau mensonge épistolaire, à nous brouiller et à nous haïr, afin de nous réconcilier en nous adorant ; il nous plaisait de jouer à l'absence, à la séparation, à la brouillerie amoureuse, sans deviner qu'un pareil jeu nous rapprochait du monde galant où l'on se sépare, où l'on se brouille, où l'on souffre !

Les jours, les semaines, les mois se passèrent ainsi, sans une minute d'ennui pour notre amour : l'on ne s'ennuie jamais quand on s'étonne, et nous nous étonnions nous-mêmes de notre propre bonheur; mais, hélas ! quel est le chrétien solitaire d'autrefois qui n'ait pas été tenté par le démon, dans sa pieuse solitude ? quel est l'amoureux, tout entier à la dévotion de son amour, qui n'ait pas été troublé par le souvenir du monde, au fond de sa thébaïde profane ?

L'hiver commença trop vite : la première averse, le premier coup de vent, la première gelée blanche nous effrayèrent ; l'approche d'une saison nouvelle, qui allait changer nos habitudes, nous fit trembler : en amour, tous les changements font peur ! nous devenions les prisonniers du froid et de la pluie : impossible de sortir, de nous réchauffer au soleil, de soupirer ensemble, à la clarté des étoiles; dès ce moment, comme tous les pauvres prisonniers, n'avions-nous pas besoin de nous distraire dans notre prison?

Claudine se mit à cultiver dans une chambre, dans une véritable serre-chaude, à la plus belle place de son boudoir, une petite parente de *Picciola*, une sensitive qu'elle avait précieusement cueillie dans le jardin : Claudine savait peut-être que les plantes de cette espèce ont reçu le don merveilleux de subir certaines influences, dont elles expriment souvent le secret et délicat sentiment; aussi, chaque matin, lorsqu'elle s'agenouillait devant la fleur, pour la toucher, pour la caresser, en lui parlant, la sensitive s'agitait à plaisir, sous la main caressante d'une amie : elle avait l'air de la comprendre et de lui répondre; n'était-ce point là, pour Claudine, une compagne discrète, une mystérieuse confidente que lui envoyait le monde?

Je ne songeai pas à me dévouer, avec Claudine, à l'éducation particulière d'une fleur sensible; mais, je fis introduire dans le château un beau chien d'Espagne, un superbe épagneul, dont j'admirais l'adresse, l'intelligence et les gambades; ce pauvre chien était bien digne de la flatteuse amitié d'un homme, d'un captif, et l'on eût dit qu'il savait comprendre le geste, le regard et la parole de son maître ; n'était-ce point là un excellent camarade, un serviteur fidèle, un véritable ami intime ? Qui le croirait ! Ce fut en jouant avec un épagneul, que je me rappelai pour la première fois les joyeux compagnons, les jeunes amitiés, que j'avais laissés dans le monde.

Un jour, le temps était affreux ; la pluie fouettait les vitres du château ; l'on n'entendait que le vacarme de l'orage : Claudine s'avisa d'une pensée qu'elle n'avait jamais eue jusqu'à ce jour : elle écrivit à son fils ; quoiqu'elle n'eût rien d'une mère, elle avait un fils ! Au même instant, je me mis à écrire à un usurier de Paris, pour lui emprunter la centième partie de tout ce dont j'avais besoin. — Est-ce que le monde ne commence pas à la famille ? Est-ce que le monde ne touche pas à l'argent ?

Durant la belle saison, le piano de Claudine n'avait chanté que de beaux airs italiens, tout imprégnés de plaisir, de tristesse et d'amour ; un soir, j'entendis je ne sais quelles méchantes mélodies qui ressemblaient à des valses, à des contredanses, à des galops, à tous les vilains chefs-d'œuvre d'un répertoire de carnaval : je suis sûr qu'en ce moment, Claudine dansait dans un horrible monde, daus la cohue masquée du 13ᵉ arrondissement.

Après avoir bien dansé, bien valsé, en assistant à un bal imaginaire, l'infatigable danseuse daigna prendre garde à son amant, qui lisait dans un coin du salon ; elle se hâta d'interrompre ma lecture ; elle me dit, en prenant une petite place sur mes genoux :

— Eh bien ! à quoi songes-tu, mon ami, les yeux fixés sur cette grande feuille de papier ? Où donc as-tu pris ce journal ?

— Je l'ai emprunté, lui répondis-je, à M. le maire qui est venu me voir ce matin.

— Ah ! vous recevez des visites ?

— Grâce à la lecture du *Moniteur*, voici des nouvelles d'une personne qui m'a beaucoup protégé, et qui se souvient encore de moi, je l'espère : il paraît que cet excellent protecteur vient d'être nommé à l'ambassade d'Espagne...

—Oui da! s'écria Claudine, en se relevant, je gage que la lecture de cette affreuse gazette vous rendra maussade et ennuyeux, toute la journée; la politique, les ambassades, les honneurs, tous les frivoles intérêts du monde, vous empêcheront de dormir la nuit prochaine....

— Claudine, répliquai-je, est-ce que les valses et les galops que vous dansiez tout à l'heure, avec accompagnement de piano, ne vous tiendront pas éveillée toute la nuit?... si vous vous endormez à la fin, à force d'émotion et de fatigue, parce que vous aurez trop dansé, est-ce que vous ne danserez pas encore un peu en rêvant, avec quelque danseur ridicule? '

Claudine prit aussitôt, sur un pupitre, des cahiers de musique, des quadrilles qui avaient importuné son amant, et qu'elle fit passer par la justice des flammes; à mon tour, je déchirai le journal que je venais de lire, et je le jetai dans le feu : le bal et la politique s'en allèrent en fumée; il n'en resta que le souvenir.

Le lendemain, je reçus, de Paris, la lettre suivante ; un nouvel ambassadeur écrivait ainsi à un ancien poète : « Mon cher amoureux, vous êtes né trop tard :
« vous n'appartenez point à notre siècle; vous êtes
« venu au monde sur les genoux de Mlle de Scudéry
« ou de Mme de Lafayette, et vous avez dormi, sans
« vivre, un peu trop longtemps. Grâce à votre long
« sommeil, vous n'entendez rien aux choses de la vie
« réelle : au lieu d'épouser une riche héritière en prose,
« vous adorez une jolie maîtresse en vers, une petite
« héroïne qui n'est faite que de caprices, d'infidélités,
« de fautes, de mensonges, de péchés mignons et de
« perfidies ! Si votre niaiserie n'est pas un mal incu-
« rable, j'ai une place d'honneur à vous offrir : voulez-
« vous être mon secrétaire particulier, à Madrid? Al-
« lons ! réveillez-vous et partons ensemble pour l'Es-
« pagne ; entre nous, vous y serez dans votre véritable

« patrie : l'Espagne est le pays du monde où l'on
« aime le plus et le mieux, sans en excepter le pays
« de *Tendre* et l'Arcadie.

« Je vous attends, mon cher Louis; et, sur ce,
« je prie Dieu qu'il vous ait en sa sainte garde : vous
« en avez besoin ! »

Je n'eus rien de plus pressé que d'aller me moquer, avec Claudine, du plaisant message de M. l'ambassadeur; j'entrai dans la chambre de ma maîtresse, au risque de réveiller une belle paresseuse qui dormait toujours à une pareille heure... Eh bien ! non, elle ne dormait plus, par extraordinaire : le souvenir du bal l'empêchait peut-être de dormir !

Claudine était à demi-couchée sur son lit, ou dans son lit, comme il vous plaira, et dans le simple appareil dont parle le poète; chose étrange ! Claudine lisait... un roman ? non; un livre de messe ? pas davantage; un morceau de musique ? du tout; elle lisait des lettres qu'elle prenait, une à une, dans la cachette de son oreiller; elle souriait, en les lisant; elle fermait les yeux, après les avoir lues, comme pour se recueillir, comme pour mieux goûter les émotions d'une délicieuse lecture.

Mon aspect imprévu glaça de frayeur l'imprudente lectrice : elle devint toute pâle ; elle se prit à trembler ; elle cacha sa tête dans ses deux mains, et la coupable disparut, en un clin d'œil, dans les tentures de soie blanche qui décoraient son alcôve.

Je me rapprochai de Claudine, sans l'appeler, sans chercher à la voir, sans lui dire une seule parole ; j'étais bien pâle aussi, et, à coup sûr, je ne tremblais pas de froid ; je m'emparai de toutes ces lettres mystérieuses dont je ne connaissais encore ni la destination, ni le but, ni l'origine ; je commençai à les lire, et jugez un peu de mon trouble, de ma jalousie, de ma douleur : elles étaient écrites par un homme qui avait nom Frédéric d'Ormoy ; elles étaient adressées à une femme qui se nommait Claudine Muller !

En voyant que je cherchais à surprendre, dans cette correspondance, tout ce que j'avais peur de deviner ou de connaître, Claudine détacha sa jolie tête de la tenture qui la cachait à mes yeux ; elle s'agenouilla sur le bord de son lit, les yeux tournés vers son juge, à la manière d'une suppliante qui voudrait ressembler à une Vénus accroupie.

—Claudine, lui demandai-je en soupirant, vous avez

beaucoup connu cet homme, ce Frédéric d'Ormoy ?

— Je l'ai rencontré quelques fois dans un monde où j'ai trop vécu, me répondit Claudine d'une voix défaillante ; j'ai bu à sa table... J'ai dansé à son bras peut-être... Il a osé m'aimer, il a osé me l'écrire ! Tout cela m'amusait peut-être, je l'avoue... J'étais si jeune,

et surtout si folle ! Mais jamais, je ne daignai prendre garde à son amour... Je vous le jure, et vous pouvez m'en croire. J'attendais que Dieu vous fît paraître devant moi pour aimer quelqu'un, pour l'aimer véritablement, et je n'aime que vous !...

— Vous avez gardé précieusement les lettres... d'un amant malheureux?

— Oui, presque sans le savoir...

— Vous les avez trouvées sans les chercher, je l'imagine, et il vous a plu de les relire sans y penser?

— Il y a un instant, je m'ennuyais toute seule... Je me suis souvenue de mes enfantillages du temps passé... C'est un grand tort, c'est un grand crime, n'est-il pas vrai? Enfin pour me distraire, j'ai pris ces chiffons de papier; j'ai relu, en riant, ces belles phrases que j'avais oubliées... oh! bien oubliées, mon ami! Louis, mon bien-aimé, prends toutes ces lettres, déchire-les, brûle-les bien vite... Je le veux, et je te l'ordonne! Tu vois, Louis... Je suis agenouillée sur mon lit... Il fait très-froid dans cette chambre.. Je serai malade par ta faute.. Embrasse-moi!...

Claudine était charmante, adorable, en un pareil moment; mais je pris à deux mains tout mon dépit, toute ma colère, pour n'avoir pas le droit de l'embrasser; je lançai de loin, dans le feu, les lettres de Frédéric, et je dis à Claudine, en lui montrant la flamme qui dévorait la dernière feuille de cette correspondance galante:

— Je ne suis plus seul avec toi ! désormais, il me semblera voir voltiger, autour de nous, le fantôme d'un adorateur, d'un amoureux, d'un amant, et je deviendrai jaloux de ta mémoire !.... J'ai brûlé jusqu'au dernier mot de Frédéric ; mais, est-ce que l'on brûle la pensée, les rêves, les regrets, l'imagination d'une femme ? Adieu notre bonheur dans la solitude ! adieu notre amour dans l'ombre et dans le silence ! le souvenir d'un homme a passé sous le ciel de ton lit, et je me figure que nous sommes trois maintenant ; ah ! Claudine, Claudine, la galanterie est comme la calomnie : il en reste toujours quelque chose !

La matinée tout entière fut bien triste ; après le déjeûner, je sifflai mon fidèle épagneul, toujours prêt à m'obéir et à me suivre ; je me retirai dans ma chambre, dont j'avais fait, depuis quelques jours, une espèce d'atelier de peinture. Le chien s'endormit à mes pieds ; je pris des pinceaux, une palette, et j'essayai de terminer un petit tableau de genre, un tableau d'amateur, que j'avais commencé pour me distraire ou pour me souvenir.

A quatre heures, je n'avais pas encore quitté mon atelier pour descendre dans le salon ; je continuai à peindre, bien ou mal, avec une attention, une ardeur, un enthousiasme, qui m'empêchèrent d'entendre le frôlement d'une robe et le bruit des pas d'une femme. L'épagneul, couché aux pieds de son maître, se réveilla tout de suite, pour aller caresser en grommelant de plaisir la petite main de sa maîtresse.

Claudine s'avança vers moi, au moment où je souriais à une jolie figure, à un gracieux personnage de mon tableau ; elle se mit à suivre mon regard, et ses yeux lancèrent des éclairs, en retrouvant, sur la toile du chevalet, une jeune femme, une femme qu'elle avait vue et admirée cent fois, dans le monde de la galanterie parisienne.

— Louis, me demanda Claudine, que faites-vous donc ici, à une pareille heure ?

— Je m'amuse à fondre des couleurs, j'use mes pinceaux, je gâte une toile... et je me persuade que je fais de la peinture !

— Non, s'écria Claudine, d'une voix étouffée par la colère ; non ! vous ne songez pas à peindre... vous vous souvenez ! et vous donnez à vos souvenirs un corps, une figure, toutes les apparences de la vie... Cette femme que vous avez aimée sans doute, que vous aimez encore, se nomme Suzanne..... voilà son portrait!

Décidément, le monde extérieur en voulait à notre intimité amoureuse, à notre bonheur ignoré.

— Mon Dieu! continua Claudine, en me regardant pour me montrer ses belles larmes; ce matin, vous étiez furieux contre moi, vous étiez jaloux de ma mémoire, vous maudissiez des lettres d'amour que j'ai reçues... que je n'ai pas écrites! Mais, vous, Monsieur, vous n'avez pas retrouvé, dans quelques phrases galantes, dans quelques phrases ridicules, l'image d'une femme oubliée... c'est dans votre esprit, c'est dans votre cœur, que vous avez retrouvé le souvenir et le portrait vivant d'une femme!

— Injuste et capricieuse Claudine! lui répondis-je, mon esprit et mon cœur sont-ils responsables d'une faute de ma palette, d'une sottise de mes pinceaux? J'ai eu tort de chercher à reproduire la figure de Suzanne : elle ne me paraît plus assez belle pour prêter une douce illusion au personnage que j'ai voulu peindre. Dis-moi, est-ce qu'il sied d'ordinaire à la maîtresse d'un artiste d'être jalouse d'un joli modèle qui pose pour son amant? L'image de Suzanne a posé dans mon atelier, voilà tout; j'ai copié sans la voir, une figure qui n'est pas trop mal ; je n'ai plus besoin de Suzanne, et ma pensée a chassé mon modèle ! l'original est déjà bien loin de mon atelier ; veux-tu que j'en finisse avec la copie?

A ces mots, je passai sur la toile la brosse que j'avais imprégnée de noir et de bitume ; la figure de Suzanne disparut dans un affreux nuage, et la copie s'en alla retrouver le modèle !

— Louis, reprit Claudine, tu as beau faire et beau dire... il me semble, à mon tour, que je ne suis plus seule avec toi ! je croirai voir voltiger autour de nous l'ombre amoureuse d'une femme, et je deviendrai jalouse d'un fantôme ! Tu as effacé la brillante image de ton modèle ; mais, est-ce que l'on efface à grands coups de pinceau le souvenir et la pensée ? Tu me le disais, ce matin : « Adieu notre bonheur dans la sollitude ! adieu notre amour dans l'ombre et dans le silence ! »

— Claudine, lui dis-je en l'embrassant, n'avions-nous pas rêvé peut-être un bonheur trop difficile? Le monde nous afflige déjà d'un peu de sa présence, par une lettre et par une image ; plus tard, nous lui devrons de nous ennuyer avec des visiteurs, des indiscrets, des ennemis ! Ce matin, nous étions seuls : un nom, le nom d'un homme, a été prononcé, et grâce à M. Frédéric, il m'a semblé que nous étions trois maintenant ; tout-à-l'heure un autre nom, le nom d'une femme, s'est échappé de tes lèvres, et, grâce à Suzanne, nous voilà quatre dans notre Thébaïde !... — Si l'on dérobe aux yeux du treizième arrondissement un plaisir, un trésor, un bonheur, il s'ingénie à les retrouver : il les retrouve, il se les approprie, il les détruit ou il les gâte !

Quelques minutes après cette scène, Claudine entra dans son boudoir, pour visiter, pour caresser la petite fleur dont elle avait fait sa compagne, son amie intime ; elle se pencha sur la sensitive en lui souriant... Et voyez quel soudain et horrible malheur : la sensitive était toute flétrie, inclinée sur sa tige, morte !

Je disais à Claudine, à propos de cette petite plante qui venait de mourir, faute d'un peu d'air et de soleil :

— Ne t'avise plus de caresser, du matin au soir, en l'étiolant dans l'ombre, une fleur poétique, une fleur délicate, que l'on nomme la *sensitive :* elle mourrait !

Une voix secrète me répondait, au fond du cœur :

— Ne t'avise plus de presser, en la cachant dans tes bras, cette fleur poétique, cette fleur délicate, que l'on appelle le bonheur : il en sortirait des larmes !

Enfin, quelques jours plus tard, le treizième arrondissement de Paris vint nous visiter en personne; il était représenté par Arsène d'Azur que vous avez bien connue : Elle s'en allait prendre un bain d'or aux eaux des Pyrénées ! Arsène et Claudine babillèrent longtemps,

en tête à tête... Et il résulta de ce mystérieux babillage que Claudine vint me supplier elle-même de lui rendre son édredon parisien.

Claudine et moi, nous n'étions pas seuls en retournant

à Paris : nous avions recueilli, dans notre voyage en Touraine, une jeune fille, une jeune femme, une charmante malheureuse, qui doit jouer un rôle dans le petit drame de cette misérable histoire ; elle se nommait Fanchon ou Fanchette. — Où est elle? que fait-elle? vit-elle encore?.. Que Dieu soit loué : je vais oublier Claudine, un instant, pour vous parler de Fanchon. »

VII

Fanchon.

« Le souvenir de Fanchon revient toujours dans mon cœur, lorsque je vois passer une villageoise qui est pauvre, jeune et jolie.

A dix huit ans, Fanchon était la femme bien-aimée d'un paysan, nommé Jérôme Martel; parfois, il y avait dans ce ménage, bien plus d'amour que de pain !

Fanchon résolut d'en finir avec la misère; dans le naïf dévoûment de sa tendresse, dans son désir impérieux d'être utile à son mari, elle accepta une misérable place de nourrice, dans la maison d'une grande dame, à Tours.

Jérôme lui disait inutilement : Reste dans ton ménage, Fanchon; ne sois pas l'esclave d'une maîtresse hautaine, grondeuse et méchante; ne va donc pas consacrer tes jours et tes nuits, ta beauté, ta fraîcheur et ta jeunesse au fils d'une indifférente, d'une étrangère, d'une inconnue; le lait que Dieu t'a donné, Fanchon, n'appartient qu'aux lèvres de ton pauvre enfant !

Un matin, une voiture s'arrêta sur le seuil du village de Saint-Cyprien, devant la petite maison de Jérôme; un personnage grave, sérieux, empesé, descendit de ce beau carrosse : c'était un docteur, le plus célèbre médecin de la ville de Tours.

Le savant se prit à examiner Fanchon, à la questionner sur son âge, sur ses goûts, sur ses habitudes, sur ses mœurs, sur celles de son mari et de tous ses ascendants; enfin il pesa le lait de la jeune femme, et il lui sembla que c'était là une excellente nourrice.

A compter de ce jour, et par l'ordre du médecin,

Fanchon ne devait plus ni travailler, ni crier, ni chanter, ni marcher, ni trop boire, ni trop manger, ni trop rire, ni trop aimer, ni rien faire qui pût nuire à sa précieuse santé : pauvre Fanchon! pauvre Jérôme !

Un soir, on vint annoncer à Fanchon qu'une petite fille n'attendait plus, pour se porter à merveille, que les baisers mercenaires de sa nourrice : Fanchon prépara bien vite les effets de son modeste bagage ; elle embrassa son enfant et son mari ; elle pleura bien longtemps, et puis elle monta dans une berline pour voyager avec des chevaux de poste, comme une grande et superbe dame : elle était sur la route du 13ᵉ arrondissement.

Vous voilà, bienheureuse Fanchon : désormais vous serez servie par de grands valets qui vous salueront jusqu'à terre ; vous aurez des servantes à vos ordres, et des médecins à votre disposition ; vous aurez une voiture bien suspendue, une chambre bien meublée, et une table bien garnie ; le mari de madame daignera vous frapper tout doucement, tout familièrement, sur la joue ; les protégés de Madame viendront vous faire des compliments, et les amoureux de Madame viendront vous faire des cadeaux. Ce n'est pas tout : votre nom de paysanne déplaît à la duchesse ; il vous en faut prendre un autre : vous n'êtes plus Fanchon ; vous serez la nourrice Fanchette, si vous voulez bien le permettre.

En arrivant à la ville, Fanchette était bien gauche et bien ignorante : tout le monde, dans l'hôtel, s'empressa de la dégourdir.

En quittant son village, Fanchette savait à peine parler et penser. Elle n'était habituée qu'à rêver et qu'à sentir ; eh bien ! tout le monde, dans l'hôtel, prit à honneur de lui enseigner l'art facile de penser tout bas pour soi-même, et de parler tout haut pour les autres.

A son entrée dans la maison d'une grande dame, Fanchette avait encore beaucoup de mal à pouvoir épeler dans un almanach de campagne ou dans un livre de messe. Eh bien ! en peu de jours, elle réussit à lire couramment dans les journaux de Monsieur, dans les billets doux de Madame, et dans les romans de la cuisinière.

Jusque là, l'écriture avait été, pour l'innocente Fanchette, une science impossible, une science fabuleuse.

Eh bien! elle apprit à écrire à son mari les expressions les plus douces de son souvenir, de ses regrets et de sa tendresse; peut-être ne pensait-elle plus un mot de tout ce qu'elle écrivait au village; mais qu'importe? cela lui servait toujours à quelque chose : cela lui servait à babiller, à se distraire et à mentir, en écrivant.

Ma foi! au bout de deux ans, il ne manquait à la métamorphose de Fanchette, que le bienfait de l'éducation amoureuse. Un galantin de Paris eut la bonté de lui expliquer à la hâte les petits caprices, les petits mystères du sentiment.

Fanchette! te voilà presque sur le chemin de traverse qui conduit à la fortune et à l'indignité! Tu vas cesser d'être une nourrice, une servante; tu pourras avoir une couronne de fleurs et de diamants : mais, cette couronne pèsera sur ton front et blessera ta jolie tête; tu toucheras de l'or qui brûlera tes mains; tu verras d'éblouissantes gerbes de lumière qui brûleront tes yeux; tu auras des courtisans qui te mépriseront sans doute, des rivales qui te supplanteront à coup sûr, et des valets qui se moqueront de toi. Fanchette, est-ce que tu manques tout à fait de résolution, de force et de courage? Est-ce que tu as oublié déjà, mon Dieu! un honnête homme qui t'aime et une pauvre petite enfant que tu dois aimer? Regarde : Cet oiseau de passage qui te flatte, cet adorateur qui te trompe, ne méritera jamais un seul de tes soupirs, un seul de tes regrets, une seule de tes larmes; ce frivolin a-t-il donc de la beauté, de l'amour, de la jeunesse et de l'esprit? Est-ce que tu es sourde? est-ce que tu es aveugle? Encore une fois, regarde-le bien, écoute-le bien, Fanchette : c'est là un vieux jeune homme de vingt-cinq ans, beau comme un mannequin de modes, spirituel comme un coiffeur pour dames, amoureux comme un comédien; il est fat, bavard, insolent et audacieux; il parle sans cesse pour ne rien dire; il fait du bruit pour mieux se montrer; il salue à chaque instant pour qu'on le distingue; il complimente tout le monde, afin qu'on le lui rende; il joue gros jeu, afin qu'on l'admire; il écoute en souriant, afin d'avoir l'air de comprendre; il se recueille pour avoir l'air de penser; il s'agite pour avoir l'air de se divertir; il adore toutes les femmes pour se distraire toujours. — Dis-moi, Fanchon, est-ce que tu aimeras ce vieillard déguisé en jeune homme?

Dans les premiers temps de son service, Fanchette se sentait bien heureuse de recevoir, à la fin de chaque semaine, la visite de son mari : un peu plus tard, elle trouva le courage de commander à Jérôme de ne venir l'embrasser qu'à la fin de chaque mois; ensuite, elle lui ordonna de ne paraître dans l'hôtel que le plus rarement et le plus secrètement possible. Le courage de Fanchette avait fait de grands progrès : un matin, elle permit à l'intendant du logis de jeter violemment ce pauvre Jérôme à la porte !

En revanche, Fanchette avait l'extrême bonté d'envoyer à Jérôme de l'argent et un million de petits cadeaux; en pareil cas, les petits présents entretiennent l'ingratitude.

Le terme de son service vint tout-à-coup réveiller la belle endormie, la belle rêveuse : il lui fallait bon gré, mal gré, renoncer à des devoirs bien faciles, à des plaisirs bien doux, aux enchantements de sa nonchalante paresse; il lui fallait retourner au village pour travailler, pour mal vivre, pour regretter peut-être et pour souffrir; Fanchette se mit à trembler, à se plaindre et à se désoler.

Enfin, que vous dirai-je? Fanchon n'eut pas assez de vertu pour redevenir la femme de Jérôme Martel; mais elle eut assez d'honneur pour ne pas consentir à être la maîtresse d'un séducteur ridicule : elle reprit hardiment son petit bagage de villageoise, et la pauvre nourrice vint frapper à la porte de notre Thébaïde. On lui avait parlé, je ne sais où, de notre départ pour la grande ville, et Fanchette réclamait de notre bonté, de notre charité, une place de servante, une place de femme de chambre.

Claudine raffola de Fanchon tout de suite; voilà pourquoi je n'étais pas seul avec Claudine, à mon retour à Paris. »

VIII

Le commencement de la fin.

« Je vous l'ai déjà dit : à sa première apparition devant nous, Fanchon gagna, sans le savoir et sans le vouloir, toutes les bonnes grâces de Claudine ; quelque chose pourtant déplaisait à la coquette parisienne dans les apparences de cette belle paysane : il lui semblait que Fanchette était trop jolie pour continuer de s'habiller à la manière villageoise ; à ses yeux, la taille de cette nourice, de cette femme de chambre, était trop élégante pour qu'elle dût se cacher sous les plis d'un mantelet de bure.

A notre retour à Paris, la métamorphose de la jolie paysanne fut complète et tout-à-fait ravissante. Figurez-vous, dans une chambre à coucher délicieuse, tiède et parfumée, Claudine qui déshabille Fanchon, épingle à épingle, qui la dépouille une à une des pauvres richesses de son village, qui lui arrache sans pitié son petit bonnet, sa mante de Saint-Cyprien, sa croix d'argent qui a été sanctifiée par le prêtre, son jupon court, ses bas chinés, tous les simples trésors de sa grossière toilette!... Ensuite, on la rhabille, on la pare de nouveau, on lui prête le secours de la mode et de la coquetterie : on la rend un peu moins gentille, un peu moins grâcieuse, mais aussi un peu plus belle, plus riche et plus brillante!

Mais, vraiment! je vous parle beaucoup trop de Fanchon, et je ne vous en dis pas assez peut-être sur Claudine. Peu de jours après notre arrivée à Paris, Claudine s'avisa de me dire, je ne sais pas pourquoi, peut-être dans un accès de pitié :

— Mon pauvre Louis, tu as le bonheur d'être

myope; s'il te plaît encore de vivre près de moi, ne prends jamais un lorgnon!

Claudine avait raison : pour ne pas souffrir dans la galanterie, il ne faut ni rien voir ni rien prévoir; l'imprévoyance et la myopie peuvent servir à parer le 13e arrondissement.

Hélas! je ne tardai pas à la comprendre. j'avais

eu beau faire, avec l'aide de mon esprit et de mon cœur : le chef-d'œuvre que j'avais ébauché me sembla n'avoir pas gagné grand chose, en pureté, en élégance, en noblesse, au fond de notre thébaïde amoureuse ; et même, à notre retour à Paris, il me parut que ma petite merveille s'était gâtée, abîmée, flétrie, défigurée à l'ombre et dans le silence.

Claudine, qui avait daigné renoncer, pour m'aimer, au luxe, à la dissipation, au plaisir, se ravisa tout à coup : elle me parla des bals, des spectacles, des fêtes, des extravagances qu'elle aimait autrefois, en ayant l'air de les aimer encore et de les désirer pour le lendemain ; elle osa me parler de cette fameuse horloge

du foyer de l'Opéra, qui marque si souvent l'heure du berger.

Claudine avait eu la douce pensée de vouloir honorer mon amour en cachant à mes yeux la trace la plus légère, le souvenir le moins apparent de ses fautes, de ses erreurs, de ses galantes folies. Eh bien! je vis reparaître des meubles, des bijoux, des chiffons, des colifichets que je n'avais point donnés à Claudine Muller.

Claudine avait chassé de sa maison, pour m'obéir et me plaire, des galantins, des adorateurs, des fâcheux, des gens du monde qui n'avaient rien de mondain, des gens d'esprit qui n'étaient pas spirituels, des femmes amoureuses qui n'aimaient personne; Eh bien! toutes ces vilaines poupées, hommes et femmes, essayèrent de se hasarder encore à la porte de Claudine, et Claudine ne songea plus à les chasser de sa maison, de notre maison.

Enfin, Claudine m'avait promis de me livrer son cœur, son esprit, son intelligence, son dévouement, sa vie tout entière, pour m'aider à réaliser tôt ou tard le miracle de mon *chef-d'œuvre impossible;* Eh bien! Claudine se mit à reprendre à mon amour tout ce qu'elle m'avait confié pour opérer un admirable prodige.

Chose bien triste et bien étrange! le jour où il ne devait plus rester entre mes mains, de la charmante ébauche de mon chef-d'œuvre, qu'un peu de boue et d'argile, du vice et de la chair, ce jour-là, Claudine se prit à s'agenouiller à mes pieds, en me priant, en me suppliant de lui donner mon nom et mon honneur, le nom de mon père et l'honneur de ma famille... rien que cela ! Quand certaines femmes galantes n'ont plus rien à faire dans le monde, elles se marient; à leurs yeux, c'est là une façon ingénieuse de se suicider sans mourir ; par malheur, un pareil suicide ne tue d'ordinaire que l'honnête homme qu'elles épousent.

En apprenant que Claudine *consentait* à devenir ma femme, devant Dieu et devant les hommes, j'aurais dû la maudire et m'enfuir jusqu'au bout du monde; mais, je ne trouvai, ni dans ma vertu, ni dans ma raison, assez de force, assez d'audace pour briser un anneau de ma chaîne sur la tête de Frétillon, de Frétillon qui daignait penser au mariage; Claudine méprisait assez son amant pour en vouloir faire un mari !

Dès ce moment, je me disais chaque jour, les yeux, l'esprit et le cœur fixés sur l'avenir : je n'ose plus ni blâmer ni railler les sages de ce monde; la société amoureuse arrive au secours de la morale : d'épreuve en épreuve, mon amour ne sera pour moi qu'un embarras, une fatigue, une douleur; bientôt peut-être va commencer, entre nous, une lutte horrible, un drame effrayant; Claudine et moi, nous finirons par ressembler à deux esclaves qui ne savent plus porter leur chaîne, et qui n'ont que la force de la traîner, en se plaignant tous bas de l'avoir traînée trop longtemps; nous rougirons, nous aurons horreur de notre double méprise, et nous mentirons avec des regards, des serments et des sourires, pour cacher une vérité affreuse; je ne demanderai plus : je commanderai; Claudine cessera de prier : elle ordonnera; hier, la maîtresse était ravissante, quand elle pleurait : demain, les larmes la rendront vieille et laide aux yeux de son amant; j'étais naguère, pour une femme amoureuse et bien aimée, un homme supérieur, un poëte, un enthousiaste : tout-à-l'heure, je laisserai tomber mon masque admirable, et je ne serai qu'un homme vulgaire; quand nous nous tairons en face l'un de l'autre, notre silence sera un reproche, une menace, un outrage!

Claudine s'en retournait, chaque jour, vers le passé, mais à petits pas, d'un pied qui ne savait plus

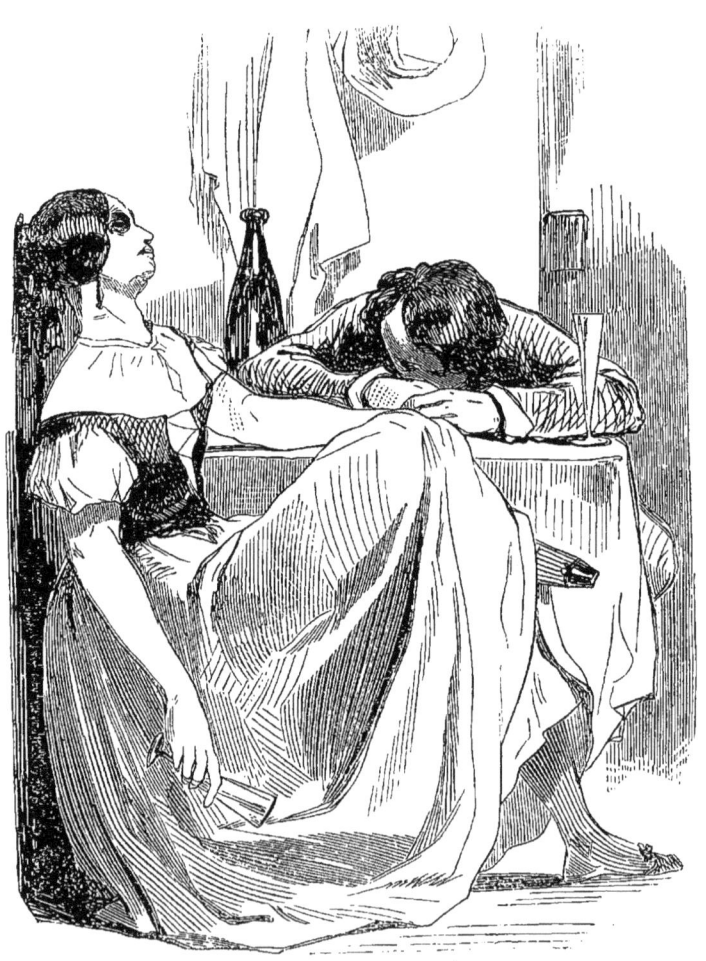

que se hâter lentement sans retrouver le vice. Quand l'hiver fût venu, Claudine apparaissait bien souvent devant moi, le soir, à minuit, sous les apparences de quelque héroïne de bal masqué : ainsi déguisée, ainsi travestie, elle se mettait à danser dans son salon, pour les menus-plaisirs de mes yeux, toutes les extravagances d'une chorégraphie équivoque ; ensuite, nous sortions ensemble : nous passions, en riant, sur le seuil illuminé de l'Opéra, et nous allions nous assoupir en tête-à-tête, dans un cabinet particulier du café Anglais. Claudine jouait à la bonne-fortune avec l'ennui ; elle jouait à la galanterie avec la satiété.

A force de se déguiser, de se travestir et de danser pour moi seul, Claudine songea tout naturellement à s'habiller, à se masquer et à sauter pour les autres ; elle arracha à mon cœur, en le caressant, le droit d'aller passer des moitiés de nuits au bal de l'Opéra : la manie du travestissement la ramenait à l'ancien carnaval de sa vie.

Mon sommeil avait duré longtemps ; je m'étais amusé à faire les plus beaux rêves du monde ; mais, un peu plus tôt, un peu plus tard, je me réveillai sur les débris de mon chef-d'œuvre impossible.

XI

L'esclave.

J'ai vu bien des valets en France, qui n'auraient point échangé, à coup sûr, le boulet de leur facile servitude, contre mon équivoque liberté. Chaque jour, à chaque instant, à chaque minute, Claudine parlait ainsi à son esclave, à ce misérable forçat d'amour qui ne savait qu'obéir et que pleurer :

— Louis, allez vite chez mon tapissier....

Il plaisait à Claudine de m'obliger à lui fournir des meubles tout-à-fait galants... à terme.

— Louis, portez cette commande à ma couturière...

Il plaisait à Claudine de m'obliger à lui fournir le costume de la galanterie qui s'affiche.

— Louis, prenez l'omnibus sur le boulevard, et

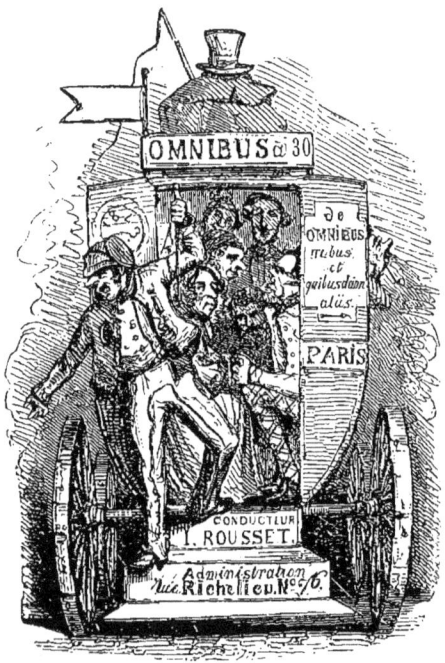

allez chercher un nouveau bonnet chez la marchande de modes.....

Il plaisait à Claudine de faire de moi un commissionnaire.

— Louis, dénouez les cordons de mes bottines.....

Me voilà valet de chambre... je me trompe, valet de pied.

— Louis, mon éventail!... mes pantoufles!... un peu de feu pour allumer ma cigarette!

Me voilà domestique pour tout faire.

— Louis, je vous défends de parler!... je vous défends de pleurer! je vous défends de penser!.....

Me voilà métamorphosé en un stupide muet du sérail.

— Louis, je vous ordonne de sortir!..., je vous ordonne de rester!... je vous ordonne de me suivre, à distance, tout habillé de noir, comme un laquais de bonne maison!.....

Me voilà un peu au-dessous du chien du logis : je n'avais jamais de gimblettes.

— Louis, je vous ordonne de veiller, étendu sur ma peau de tigre; j'ai peur, et vous me garderez toute la nuit!.....

Me voilà transformé en garde-malade, pour peu que Claudine s'avise d'avoir le mal de la peur; j'ai veillé bien souvent sur cette malheureuse peau de tigre, tandis que Claudine dormait!

Parfois je disais, en tremblant, à mon impitoyable maîtresse :

— Claudine, pourquoi me maltraiter, pourquoi m'humilier et me flétrir de la sorte?

— Pour tuer le temps, me répondait-elle... il faut bien faire quelque chose !

— Claudine, je suis malheureux, et je souffre !

— Après?.....

— Claudine, il vous plaît donc que je me prosterne sans cesse à vos genoux, que je me désole, et que je pleure?

— Oui, le désespoir vous sied à merveille, et les larmes vous vont à ravir ! Louis, à genoux, et pleurez encore... pour me faire rire !

—Adieu, Claudine... laissez-moi pleurer loin de vous !

— Qu'est-ce à dire ?... on se révolte, ce me semble? on me brave... on me résiste?..... Venez çà, et obéissez !.....

Et j'obéissais toujours, pauvre diable ; je m'agenouillais devant elle, et je lui baisais sa jolie main !

Quelquefois aussi, l'esclave amoureux trouvait, dans son affreuse jalousie, l'audace de demander à sa maîtresse :

— Claudine, qu'est-ce donc que ce superbe bouquet de fleurs naturelles? ce n'est pas moi qui vous l'ai donné.....

— Je le sais bien.

— Claudine, d'où viennent ces beaux camélias?

— Apparemment de chez la bouquetière.

— Est-ce que les fleurs savent marcher, Claudine? est-ce qu'elles entrent toutes seules dans le boudoir d'une femme?

— Non; elles s'y font porter, voilà tout.

— Et quel est le porteur...

— Vous m'ennuyez!

Enhardi par une secrète colère, je me hasardai à lui demander, un jour, le plus humblement qu'il m'était possible :

— Claudine, montrez-moi donc ce petit billet que vous avez caché à mon approche!

— Quel billet?

— Tenez, le voici : je le reconnais, je le devine à travers la transparence de votre robe...

— Ah! oui, c'est vrai... je l'avais oublié; c'est une lettre.

— Je m'en suis douté tout de suite.

— Vraiment !

— C'est une lettre d'amour ?

— Pas le moins du monde ; une lettre d'amitié, tout simplement.

— Le nom de votre ami... ou de votre amie ?

— M. Delaunay, un brave soldat que j'ai connu dans ma famille, lorsque j'étais toute jeune, toute petite; seriez-vous tenté par hasard de devenir jaloux d'un vieux colonel tout couvert de rhumatismes et de blessures ?... il est horrible !

— Je ne l'ai pas vu...

— Mon cher, vous êtes déjà ridicule, et vous serez bientôt un petit personnage insupportable.

Un matin, la veille de la première fête de Longchamps, j'aperçus, au fond d'une armoire, une ombrelle verte, une ombrelle-marquise, qui était véritablement un chef-d'œuvre de goût, de richesse et d'élégance, un adorable prodige, imaginé par Verdier ; je questionnai bien vite Claudine :

— Qu'est-ce donc que cette ombrelle, cette ombrelle-modèle, cette ombrelle qui ressemble au plus magnifique joyau ?

— C'est une charmante invention de Verdier...

— Il ne s'agit pas de l'inventeur, mais de l'acheteur; est-ce bien vous qui avez acheté cette ombrelle?

— Oui, et je commence à regretter de l'avoir payée un peu trop cher.

— Combien vous coûte cette admirable extravagance?

— Deux cents francs, que je paierai le plus tard possible.

— Pas davantage?

— Ni plus, ni moins.

— Vous avez eu, pour deux cents francs, une ombrelle, dont la pomme, incrustée d'or, renferme une petite montre et une petite cassolette?

— J'en suis moi-même tout émerveillée.

— Je le crois.

Je me rendis à la hâte chez Verdier, rue Richelieu, et cet inventeur de petits prodiges m'avoua bien franchement qu'il avait cédé le chef-d'œuvre dont je parle pour la bagatelle de trente louis; hélas! j'ai su plus tard qui payait les fleurs et les ombrelles de Claudine!..... seulement, je n'ai pas le droit de chanter avec le poète, au souvenir de ma brillante maîtresse :

Dans un grenier qu'on est bien à vingt ans!

Claudine avait sans doute ramassé cette ombrelle,
dans quelque intrigue masquée du bal de la mi-carême.

Claudine avait d'étranges caprices, des cruautés fabuleuses. Lorsqu'il me plaisait de prendre un livre, pour m'instruire ou pour me distraire, elle s'écriait aussitôt, avec le dédain d'une incorrigible paresseuse :

— Louis, ne lisez plus, de grâce; la vue d'un livre me fait horreur!

Lorsqu'il me plaisait de me souvenir de mon premier métier de poète, et de jeter sur le papier quelques méchants vers, quelques mauvaises rimes, elle me disait avec un sourire de mépris :

— Louis, laissez-là votre poésie langoureuse : improvisez à votre aise les plus belles strophes poétiques; mais, par pitié, n'en écrivez jamais un seul mot en ma présence : le bruit de votre plume qui griffonne des vers m'agace les nerfs et me fatigue! si vous écrivez, n'écrivez jamais devant moi que pour gagner de l'argent.

Si Claudine avait horreur de ma poésie qui ne rapportait que des vers, elle adorait ma prose qui rapportait de l'argent. Parfois, Claudine m'enfermait dans ma chambre, le jour ou la nuit : elle me mesurait le travail, à l'heure; elle comptait d'avance les *lignes* de mon labeur, de ma tâche, de ma corvée; les jolis doigts de sa main impitoyable battaient monnaie, en frappant sur mon imagination et sur mon cœur; souvent, dans la nuit, Claudine se levait tout doucement, pour me demander à travers le trou d'une serrure : *combien de lignes?* faute d'un certain nombre de lignes, il m'arrivait, de temps en temps, de me coucher... au petit-lever de Claudine.

Lorsqu'il plaisait à Claudine de *recevoir*, dans les

apparences luxueuses d'une *soirée* qui n'était qu'indigente, le nombre des *lignes* augmentait pendant toute une semaine; ah! que de migraines, de regrets, de plaintes et d'insomnies, afin de pouvoir donner des glaces à ces jolies dames!

Il faut que je sois juste envers cette pauvre Claudine : un jour, elle devina qu'une petite somme d'argent, gagnée dans le travail forcé de toute une nuit, avait coûté bien cher à mon cerveau, à ma force, à ma volonté, à mon dévoûment, à ma santé ; elle me trouva si fatigué, si accablé, si pâle, si faible, si malade, qu'elle se prit à jeter mon peu d'argent par la fenêtre ; elle me dit, après m'avoir embrassé : je ne veux pas *dépenser* ta fatigue et ta souffrance !

Comme je la remerciai d'un pareil mot !... en ce moment, il me sembla que la pitié de Claudine m'adorait.

Claudine trouvait quelquefois, peut-être quand elle n'était point infidèle, le temps et la pensée d'être jalouse : en pareil cas, elle poussait la colère bien plus que la douleur jusqu'à la violence de la trivialité ; elle oubliait qu'elle était presque jolie, élégante, spirituelle et originale : elle me frappait avec un couteau de cuisine !... elle semblait jouer la tragédie, et cette malheureuse tragédienne n'avait seulement pas de poignard.

Enfin, ce qui est vrai, c'est que je souffrais dans un véritable enfer sur terre, et quand je me prenais à murmurer en sanglotant :

— Je souffre comme un damné !...

Claudine se contentait de me répondre en riant :

— Déjà ?...

C'en était fait de moi, et chacun me croyait perdu à toujours... ce fut Fanchette qui me sauva !

Fanchette avait quitté le service de Claudine : elle était partie, un matin, tout naturellement, pour courir après le plaisir ou après la fortune... je le croyais. Fanchette me semblait avoir gagné bien vite les bonnes grâces de S. M. l'Argent, le roi bien-aimé du 13e arrondissement : elle nous montrait, chaque jour, des joyaux, des robes, des dentelles, des chiffons, qu'elle s'obstinait à ne jamais porter ; mais, voyant sans doute que Claudine était pauvre, Fanchette lui prêtait tout ce qu'elle avait de plus beau, de plus élégant et de plus riche.

Un soir que j'étais seul, inquiet et ennuyé, Fanchette vint me faire sa petite visite quotidienne ; elle commença par me dire d'une voix tremblante :

— Elle n'y est pas ?...

— Non.

— Elle veut toujours se marier ?... ne l'épousez pas !

— Pourquoi ?

— Claudine parle de sa pauvre mère qui est morte, comme une fille qui serait née sous une feuille de chou ; Claudine s'inquiète de son enfant, comme si elle n'avait jamais été que sa nourrice ; Claudine entrevoit, dans le mariage, une étiquette qui protège une mauvaise marchandise, un pavillon qui couvre le fond du sac de la contrebande ; enfin, Claudine vous aime, comme l'on adore celui que l'on craint et celui que l'on dupe... ne l'épousez pas !

Fanchette continua, en ayant l'air de s'agenouiller devant moi :

— J'ai quitté votre maison... mais, je suis toujours la femme de chambre de Claudine... en ville ! j'occupe un bel appartement, dans le voisinage... mais ce bel appartement n'a été loué que pour Claudine ; mes bijoux, mes robes, ne sont pas à moi... elles n'appartiennent qu'à Claudine : quand elle me les emprunte, je ne fais que les lui rendre ; oh ! ne l'aimez pas ! ne l'épousez pas !... on ne peut pas s'empêcher d'aimer, c'est vrai... mais on peut s'empêcher de se marier, n'est-ce pas ?...

Je remerciai Fanchette qui pleurait ; je résolus de sortir sans attendre le retour de Claudine, et je ne rentrai chez moi que dans la nuit.

Il manquait à toute ma souffrance, à tous mes regrets, à toute ma douleur, une dernière épreuve, une épreuve terrible ; il me restait à boire une dernière goutte de fiel, oubliée au fond de mon calice! cette nuit là, Claudine s'en était allée au bal de l'Opéra avec tous les cœurs masqués du *treizième* arrondis-

sement; son absence ouvrait devant moi le champ sans limite du soupçon, de la crainte, de la jalousie, et je me mis à courir comme un insensé, dans ce triste domaine où l'on s'égare, où l'on chancelle, où l'on tombe, où l'on se blesse à chaque pas!

Les femmes qui ont aimé ça et là, les lierres qui ont survécu à la perte de quelques ormeaux bien-aimés, ont une dangereuse manie, une épouvantable habitude : elles ne craignent point de parler au nouvel ormeau qui les attache, des arbres adorés qui les attachaient autrefois! Je me rappelai soudain bien des paroles, bien des aveux, bien des confidences que je devais à l'impitoyable bavardage de Claudine; cette nuit-là, plus que jamais, j'avais besoin d'être jaloux du passé, comme je l'étais déjà du présent et de l'avenir. Je m'avisai de chercher, de fureter, de fouiller dans tous les meubles, dans tous les coins, dans toutes les cachettes de l'appartement, et cette fois encore, Fanchette daigna venir au secours de mon honneur et de mon bonheur.

Fanchette, qui avait entr'ouvert tout doucement la porte de la chambre à coucher, s'avança vers moi avec une hésitation qui ressemblait à la terreur; elle souleva, d'une main tremblante, une ancienne tenture qui cachait un panneau mobile ; elle me montra du doigt, derrière le panneau, un petit coffret peint en noir, tout parsemé de filigranes d'argent, et qui portait l'inscription suivante : *Les Catacombes*. Fanchette me dit à voix basse :

— Ouvrez !

X

La chaîne brisée.

« Je saisis, en tressaillant, ce meuble d'une forme et d'une apparence singulières ; Fanchette fit jouer un petit ressort caché dans une rainure d'ivoire ; je soulevai, d'une main convulsive, le couvercle de ce coffret mystérieux, en murmurant : que Dieu me protège !... et j'étalai devant moi des portraits, des boucles de cheveux, des correspondances amoureuses dont chaque liasse avait une étiquette qui ressemblait à une épitaphe.

Les *catacombes* dont je parle renfermaient les cendres galantes de je ne sais combien d'anciens amoureux, pauvres martyrs qui avaient contribué à faire, de Claudine Muller, une véritable *veuve du calendrier*.

En examinant un à un les souvenirs de cet incroyable reliquaire, j'aperçus des chiffons de papier dont l'enveloppe était encore entr'ouverte, et dont je reconnus aisément l'origine et l'écriture : c'étaient les lettres d'amour que j'avais adressées naguère, chaque matin et chaque soir, à mon ingrate et folle maîtresse !

Ce n'est pas tout : en poursuivant les fouilles de ces antiquités équivoques, je découvris mille choses curieuses qui ne dataient pas de bien loin, des lettres qui n'avaient pas eu le temps de recevoir un peu de poussière, des demandes qui avaient mérité sans doute de douces réponses, des infamies charmantes qui exhalaient encore les parfums amoureux de la veille !

— Ah ! Fanchette, Fanchette, m'écriai-je en pleurant, vous m'avez perdu !

— Je vous ai sauvé ! me répondit Fanchette.

Mes yeux se fermèrent tout-à-coup ; le coffret tomba de mes mains et se brisa... Au même instant, une femme masquée se présenta sur le seuil de la porte ; pâle, immobile, les bras croisés sur ma poitrine, les regards fixés sur des lettres éparses, je souffrais sans rien sentir... Enfin, je relevai mes yeux étincelants sur cette femme que j'avais peur de reconnaître : elle se débarrassa de son masque ; Claudine, qui revenait du bal, partit d'un long éclat de rire, et moi, je tombai inanimé, presque mourant, sur le parquet de la chambre.

Une heure plus tard, par une tempête affreuse, mêlée de reproches, d'injures et d'outrages, le *lierre* et *l'ormeau* se détachèrent violemment l'un de l'autre ; et quand l'ormeau fut à terre, brisé, déchiré, presque mort, le lierre se prépara sans doute à s'attacher aux branches luxuriantes de quelque arbre magnifique. Le lierre dont il s'agit ne meurt jamais où il s'attache; avec lui, le sentiment du proverbe est un mensonge : il vous étreint, il vous caresse, il vous étouffe, et il vous tue.

Je quittai la maison de Claudine, tout de suite, pendant la nuit, n'emportant avec moi que les lambeaux de mon cœur, les tristes restes de mon esprit, les misérables ruines de ma conscience ; au même moment peut-être, Claudine n'eut rien de plus pressé que de s'en aller je ne sais où, avec ce M. Delaunay, avec ce vieux colonel qui avait, disait-elle, tant de rhumatismes et de blessures !... M. Delaunay était un ancien jeune homme qui avait tout ce qu'il fallait pour jouer le rôle souverain de l'Argent ; après avoir été un Turcaret dans le 13ᵉ arrondissement, ce vieux jeune homme est devenu un Arlequin dans le monde politique.

Je puis bien l'avouer maintenant : j'étais aveugle ! oui, j'étais devenu aveugle, en regardant une femme et en l'adorant ; le jour où je cessai de voir, mon imagination se mit à prêter à cette femme adorée des trésors de vertu, de dévoûment et d'esprit, les charmes les plus doux, les qualités les plus rares, les perfections les plus ravissantes !... Mon aveuglement s'ingéniait à faire, d'une compagne de voyage dans le monde amoureux, une personne d'élite, une amie à l'épreuve, une maîtresse adorable, une femme fidèle, une créature accomplie!... j'étais aveugle... Oh! mon chef-d'œuvre, mon chef-d'œuvre impossible!...

Le lendemain, je m'éveillai seul dans une chambre d'hôtel garni. J'étais bien triste, bien désolé, bien malheureux, et malgré tout, je me pris à sourire : il y avait là, près de moi, au chevet de mon lit, une pauvre amie qui m'avait regardé dormir, qui avait retenu son souffle, ses soupirs, ses larmes, afin de ne pas me réveiller : c'était Fanchette.

— Pardonnez-moi d'être venue vous voir, me dit-elle... mais, ce matin, j'ai trouvé quelque chose de précieux que vous avez oublié chez Mme Claudine.

— Qu'est-ce donc? lui demandai-je; assurément, ce n'est pas mon cœur...

— C'est votre portrait; le voici... je l'ai bien cherché!

Elle regarda si longtemps mon portrait, elle me priait si instamment, bouche close, de ne pas le reprendre, que je lui dis sans toucher au médaillon :

— Je vous l'offrirais, comme un souvenir de mon amitié, si je n'avais pas eu le malheur de l'offrir déjà à une femme, comme un souvenir de mon amour...

— Eh bien! me répondit-elle, soufflez sur ce vilain amour... Il s'envolera peut-être, et je garderai votre portrait...

A ces mots, Fanchette approcha la miniature de mes lèvres, et je soufflai, en souriant, sur le souvenir amoureux que j'avais donné à Claudine!...

— J'ai oublié, reprit Fanchette, de vous annoncer mon départ...

— Où allez-vous?

— Dans mon village, près de mon mari, près de mon enfant; je redeviendrai paysanne... C'est bien vulgaire et bien triste, n'est-il pas vrai?... mais que voulez-vous? je vois qu'il faut que tout le monde travaille, et je travaillerai!... Adieu!

— Adieu, Fanchette!

Elle se pencha tout doucement vers moi; elle me dit en tremblant :

— Vous ne verrez plus jamais Claudine?...

— Jamais!

— Vous me le jurez, vraiment?

— Je vous le jure, Claudine, la main... non pas sur ma conscience, qui ne vaut pas grand'chose, mais sur votre cœur qui vaut un trésor!...

— Puisqu'il en est ainsi, je pars bien contente... Adieu!

— Adieu, Fanchette!... et au revoir!...

J'imagine qu'elle eût voulu m'embrasser dans un dernier adieu... mais elle manqua de courage.. elle se contenta de regarder le portrait que je lui avais laissé, et la pauvre fille le baisa.

Elle partit, et je ne l'ai pas revue.

Quelques heures après le départ de Fanchette, un de mes amis, un de mes compagnons de voyage à travers le treizième arrondissement, me força d'accepter, de la part d'un niais du monde, une invitation à dîner, dans un salon du café Anglais. Sept femmes assistaient à ce dîner, dont le menu devait être payé par un imbécile de beaucoup d'argent. Vous connaissez la plupart de ces femmes : elles se nommaient Arsène d'Azur, Géneviève, Pauline Hofferte, Camille Bourgoing, Mathilde, Eugénie Rosier et Suzanne. Une d'elles me dit, pour me consoler sans doute :

— Mes amies et moi, nous pourrions peut-être, en nous cottisant, te rendre tout ce que tu as quitté, tout ce que tu as perdu, tout ce qui te plaisait dans l'âme et dans le corps de Claudine... nous représentons les sept péchés capitaux !

Je répondis à cette femme, à ce péché, comme Étienne Béquet répondait autrefois au souvenir et à l'image de

Rose Pougaud, en laissant tomber une larme au fond de mon verre.

Il me semble que ce dîner, cette rencontre avec les sept péchés capitaux du treizième arrondissement, a

été la dernière fête, triste et plaisante, du carnaval de ma jeunesse.

Quant à Claudine Muller, je me souviens de l'avoir rencontrée une seule fois, peu de jours avant mon départ de Paris; elle me parut bien vieille, bien ridée, bien flétrie; elle avait son cœur retourné sur sa figure : elle était hideuse!... ne parlons plus de cette statue de boue et de vice; laissons-là chez elle... dans le ruisseau !

XI

Le Dieu de Louis Lulli.

Lorsque Louis Lulli eût terminé le récit de sa vilaine histoire, je lui demandai :

— Qu'est-ce qui vous console dans cette solitude? qu'est-ce qui vous fait aimer la pauvreté? qu'est-ce qui vous donne la force de vivre ainsi? qu'est-ce qui vous inspire le courage de travailler, loin du monde où l'on travaille avec quelque profit, avec quelque gloire? qu'est-ce qui vous a dégouté de la galanterie et des passions d'autrefois?

— Un Dieu ! me répondit-il, en me montrant une petite médaille d'or qu'il portait sur sa poitrine.

Louis baisa cette médaille, qu'il appelait le cilice de son cœur, et il ajouta en souriant :

— Je l'aime !

Il y avait, dans ce sourire, de la tristesse, du bonheur, de la dévotion et de l'amour ; je n'osai point demander à Louis Lulli s'il aimait un Dieu, une sainte image ou une femme.

TABLE DES MATIÈRES.

PREMIÈRE PARTIE.

	Pages.
I. Petites notes pour servir d'introduction.	1
II. Origine et histoire du 13ᵉ arrondissement.	5
III. Où se trouve le 13ᵉ arrondissement	15
IV. Ce que c'est que le 13ᵉ arrondissement	21
V. Profondes observations	25
VI. Une maison du 13ᵉ arrondissement	35
VII. L'amour et l'argent	71
VIII. La galanterie et l'esprit	87
IX. Le jeu de la vie et de la mort.	101
X. Le peintre ordinaire du 13ᵉ arrondissement.	141
XI. La tribune parlementaire du 13ᵉ arrondissement.	151
XII. Une grande dame, égarée dans le 13ᵉ arrondissement.	159
XIII. L'Amoureux de la vieille	163
XIV. Une guitare du 13ᵉ arrondissement	167
XV. Le vin de Champagne dans le 13ᵉ arrondissement.	173
XVI. Créanciers et marchands.	201
XVII. Observations oubliées.	214

DEUXIÈME PARTIE.

		Pages.
I.	La violette	223
II.	Louis Lulli.....................	235
III.	Claudine Muller.................	249
IV.	Les lettres d'amour.............	261
V.	Le bloc de marbre...............	271
VI.	La Thébaïde.....................	283
VII.	Fanchon	305
VIII.	Le commencement de la fin.......	313
IX.	L'esclave	323
X.	La chaîne brisée................	341
XI.	Le Dieu de Louis Lulli	351

FIN DE LA TABLE.

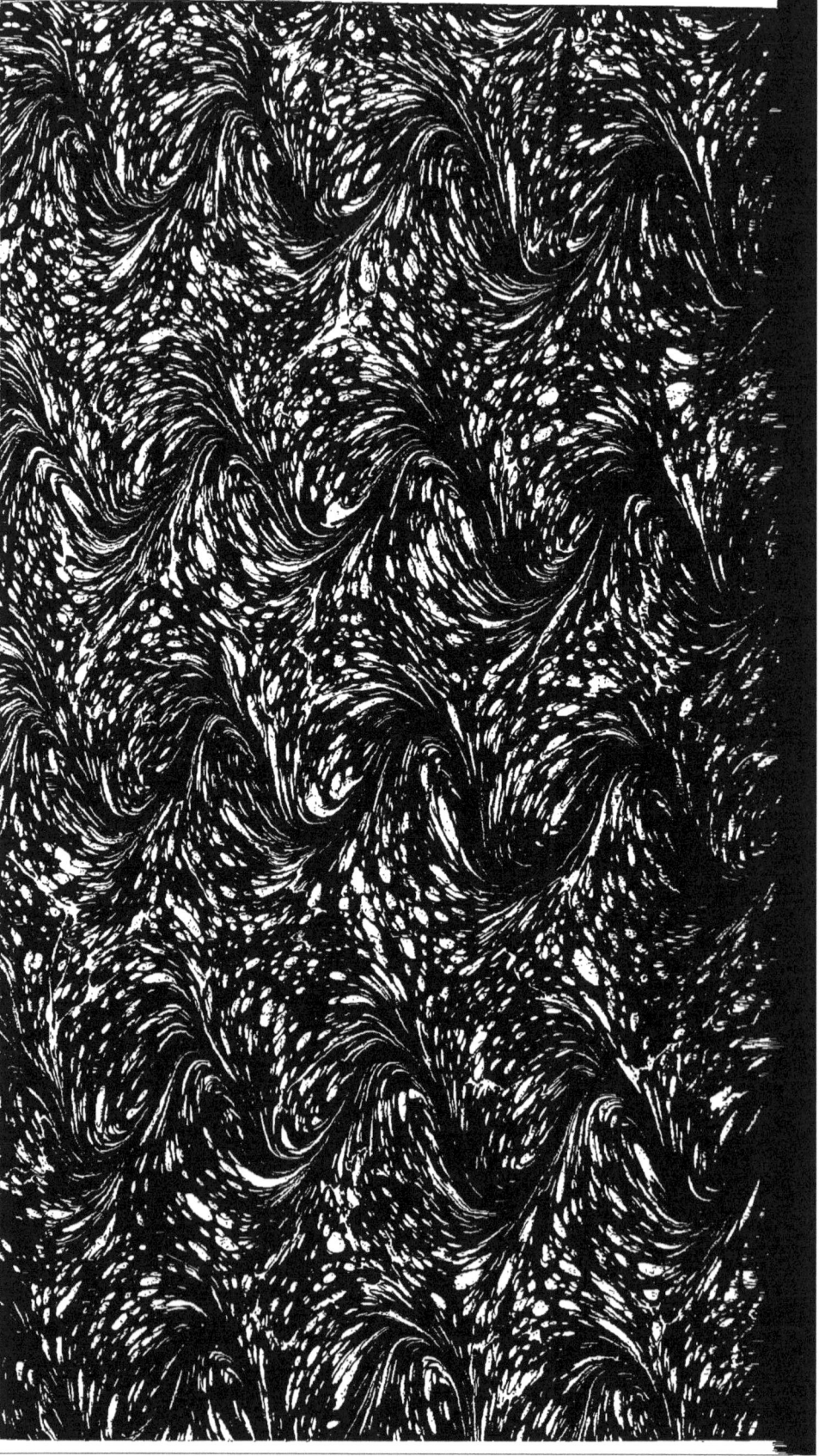

www.ingramcontent.com/pod-product-compliance
Lightning Source LLC
Chambersburg PA
CBHW050532170426
43201CB00011B/1390